꼬불꼬불나라의
환경이야기

에듀텔링 004

꼬불꼬불나라의 환경 이야기

초판 1쇄 발행 | 2014년 6월 26일
초판 10쇄 발행 | 2025년 2월 6일

지은이 | 이소영
그린이 | 정우열
펴낸이 | 나힘찬

책임편집 | 김영주
책임디자인 | 고문화
사진협찬 | 서울특별시 상수도사업본부
인쇄총괄 | 야진북스
유통총괄 | 북패스

펴낸곳 | 풀빛미디어
등록 | 1998년 1월 12일 제2015호-000135호
주소 | (10411) 경기도 고양시 일산동구 정발산로 166번길 21-9
전화 | 031-903-0210
팩스 | 02-6455-2026

이메일 | sightman@naver.com
유튜브 | youtube.com/@풀빛미디어
블로그 | blog.naver.com/pulbitme
인스타그램 | @pulbitmadia
페이스북 | www.facebook.com/pulbitmedia

ISBN 978-89-6734-008-7 74300
ISBN 978-89-88135-74-7 (세트)

- 저작권법에 따라 보호받는 저작물이므로 무단 전재와 복제를 금합니다.
- 책값은 뒤표지에 있습니다.
- 파본은 구매하신 서점에서 바꾸어 드립니다.

─ 어린이제품 안전특별법에 의한 기타표시사항 ─
제품명 도서 | **제조자명** 풀빛미디어 | **제조년월** 2025년 2월 | **사용연령** 8세 이상 | **제조국명** 한국
주소 (10411) 경기도 고양시 일산동구 정발산로 166번길 21-9호 | **전화번호** 031-903-0210

머리말

자연의 외침에 귀 기울여 봐요

이스터 섬에는 '모아이'라고 부르는 거대한 석상들이 있어요. 600개가 넘는 석상이 나무라고는 보이지 않는 벌판에 주르륵 늘어서 있지요.

1722년, 이 섬을 발견했을 때, 섬에는 원주민 약 2,000명 정도가 살고 있었어요. 섬에는 거대한 석상을 만들 수 있는 재료도, 사람도 부족해 보였어요. 그럼, 누가 그토록 많은 모아이를 만든 걸까요?

학자들은 이스터 섬에 훨씬 더 많은 원주민이 살았고, 섬에는 나무도 많이 자라고 있었을 거라고 했어요. 원주민들이 석상을 만들고, 운반하기 위해 나무를 많이 베어냈을 거로 생각한 거죠. 나

칠레 이스터 섬에 있는 사람 얼굴 모양의 석상, 모아이

무가 줄어들면서, 땅은 메말라 가고, 따라서 동물과 식물도 사라졌을 거래요. 땅에서 곡식이 자랄 수 없고, 먹을 수 있는 동식물이 줄어드니, 자연히 사람들 수도 줄어들었겠죠.

처음에 숲에서 나무를 베어내던 원주민들은 언젠가 나무들이 모두 사라져 버릴 수 있다는 생각을 했을까요? 또 숲 속을 날아다니는 새들, 나무 열매를 먹는 작은 동물들이 없어질 수 있다는 생각을 했을까요?

아마, 누구도 그런 생각을 하지 않았을 거예요. 자연은 늘 그대로 그 자리에 있으리라 생각했겠죠. 인간이 쓰고 나면, 다시 생겨나는 줄 알았을 거예요.

사실, 자연은 그래요. 인간에게 필요한 것을 넉넉하게 줄 수 있어요. 인간이 자연 속에서 필요한 만큼만 가져오고, 그것이 다시 자랄 수 있는 시간을 줄 때는요.

하지만 이스터 섬에 살았던 원주민들은 나무가 다시 자랄 틈도 없이 계속해서 나무를 베어냈지요. 결국 섬은 황폐해졌고, 돌이킬 수 없게 되었어요.

지금, 우리가 사는 지구도 이스터 섬과 다르지 않아요. 사람들은 개발과 발전을 내세우면서 자연을 마음대로 짓밟고 있어요. 종이와 가구를 만들기 위해, 목장을 만들기 위해, 나무를 베고 숲을 불태워요. 새 물건을 수없이 만들어 내고, 또 다 쓰지도 않은 채 내다 버리지요. 지금껏 사람들은 작은 씨앗이 자라 나무가 될 시간을 주지 않았어요. 더러워진 강물이 스스로 깨끗해질 시간을 주지 않았어요.

숲이 사라지고, 강이 더러워지고, 땅이 메말라 가면, 우리가 지금까지 누려 왔던 많은 것도 사라질 거란 걸 생각해 보지 않았어요.

자연은 계속해서 신호를 보내고 있어요. 자연과 인간이 함께 살 방법을 찾아 달라고요. 다행히 그 신호를 알아들은 일부의 사람들은 자연을 지키기 위해 노력하고 있어요.

이 책이 자연의 신음을 전하는 작은 신호가 되면 좋겠어요. 어쩌면 이익만 좇는 어른들보다 어린이들이 자연의 소리를 더 잘 들을 수 있을 거예요.

아직 귀를 꽉 막고 있는 어리석은 어른들에게 크게 소리쳐 주세요.

잠깐 멈춰 서서, 자연의 말을 좀 들어달라고…….

목차

머리말 _ 자연의 외침에 귀 기울여 봐요   4
등장인물   10
프롤로그   12

1/ 새사람이 됐어요   17
－돌고 도는 물

2/ 수상한 여자   33
－지구온난화의 원인

3/ 피켓을 들고 나타난 사람들   47
－일상에서 할 수 있는 환경 운동

4/ 수염왕 대 온난화 여사   67
－유전자 조작 식품

5/ 잠복근무　　　　　　　　　　　　　83
　　　-멸종 위기에 처한 동물들

6/ 온난화 여사, 마음을 열다　　　　　97
　　　-댐의 좋은 점과 나쁜 점

7/ 밝혀진 비밀　　　　　　　　　　115
　　　-열대우림의 중요성

8/ 환경 센터, 문을 열다　　　　　　135
　　　-지구를 아프게 하는 탄소 발자국

9/ 진짜 새사람이 됐어요　　　　　　155
　　　-신재생 에너지

등장인물

꼬불꼬불나라

☐ 먼 옛날, 또는 가까운 옛날에 있었던 어느 나라. 수염왕은 이 나라의 왕이었다. 국민이 수염왕을 내쫓고 이 나라에 큰 변화가 닥쳐온다.

수염왕

☐ 꼬불꼬불나라의 마지막 왕. 국민에게 쫓겨나 가난하게 살다가, '꼬불꼬불면'을 팔아 큰 부자가 된다. 하지만 경쟁 회사 제품에 이물질을 넣어서, 사회봉사 명령 200시간을 받게 된다. 그 뒤 인권에 눈을 뜨고 새로운 삶을 살게 되었다고 스스로 생각한다.

세바스찬

☐ 수염왕이 다리 밑에서 만난 늙은 개. 수염왕이 감옥에 갔을 때도, 200시간 사회봉사를 하러 무지개 복지관에 갔을 때도 의리 있게 수염왕을 기다린다.

성실해 양

☐ 수염왕이 차린 가게의 첫 직원.
지금은 왕수염 회사에서
수염왕의 비서로 일한다.
수염왕에게 온난화 여사를 소개해 준다.

온난화 여사

☐ 어느 날, 수염왕의 집에 나타난
아주 수상한 여자.
고집 센 수염왕의 기를 처음부터 누를
정도로 대단한 기운을 가졌다.
환경에 관해서라면 너무나
수다스러워지는 그녀의 정체는 과연
무엇일까?

이탄소 군

☐ 온난화 여사와 함께 비밀스러운 일을
한다. 말이 없고, 침착한 청년이다.

프롤로그

흠흠, 내 이야기 좀 해 볼까. 나에 대해 알고 있는 친구들도 있을 거야. (꼬불꼬불나라의 정치이야기, 경제이야기, 인권이야기를 먼저 봤다면 말이야.) 뭐, 잘 몰라도 상관없어. 지금부터 내가 들려주는 파란만장한 이야기를 들으면 될 테니까. 난 누군가에게 내 이야기를 하는 걸 좋아하거든. 그런데 들을 때 딴짓하면 안 된다!

나는 수염왕, 한때 꼬불꼬불나라의 잘나가던 왕이었어. 잘나가도 너무 잘나갔지. 황금으로 만든 벽돌을 쌓아 만든 번쩍번쩍 빛나는 황금성에 살면서, 내 맘대로 뭐든지 할 수 있었거든. 그때가 참 좋았는데…….

뭐라고? 그렇게 제멋대로 하다가 왕의 자리에서 쫓겨난 거 아니냐고?

그래, 창피하지만 맞다. 난 국민들이 어떻게 사는지는 관심도

없이, 매일 먹고, 놀고, 사냥이나 하다가 그만 쫓겨나고 말았어. 그 뒤에도 왕 자리에 미련이 남아서, 정치하겠다고 기웃거리기도 했지. 그러다 들켜서 나라를 제멋대로 다스린 벌로 감옥에도 갔다 왔어.

여기까지만 들어도 정말 눈물 없이는 들을 수 없는 이야기지? 잠깐, 눈물 좀 닦고 이야기하자고.

감옥에서 막 나왔을 때는 말할 수 없이 불쌍한 신세였어. 찬바람 막을 겨울 코트 하나 없고, 따뜻한 방 한 칸도 없었으니까. 오직 나를 믿고 기다려 준 세바스찬뿐이었어. 세바스찬은 나처럼 매우 우아하고, 지적인 개야. 내 유일한 친구지. 평소에 구박을 좀 하긴 하지만, 그건 말만 그렇게 하는 거야.

비록 쫓겨났지만, 나 수염왕, 쉽게 쓰러지지 않았어. 성에서 나올 때 가져온 반지를 밑천 삼아, 국수 가게를 열었지. 황금성에서 오로지 왕만이 대대로 먹어 온 꼬불꼬불 국수를 만들어 팔았어. 감히 아무나 먹을 수 없는 국수를 서민들에게 먹게 해준 거라고. 그걸 처음 맛본 사람들의 표정이라니……. 당신들, 영광인 줄 알라고!

어쨌든 국수에 '꼬불꼬불면'이라 이름도 붙이고, 공장도 세워 잘

나가던 때, 또다시 위기가 닥쳤어. 내 회사에서 일하던 오반칙 부장의 꼼수에 된통 당한 거야. 오반칙은 나더러 수입 재료를 국산 재료로 속여서 제품을 만들라고 했어. 그랬다가 벌금을 얼마나 물었는지 몰라.

나를 그렇게 골탕먹이고는 기술을 빼가서 자기 회사를 차렸더군. 난 화가 나서 오반칙 회사 제품에 쥐꼬리를 조금 넣어 줬어. 그런데 그게 그렇게 큰 죄가 될 줄이야. 사회봉사 명령을 자그마치 200시간을 받게 된 거야.

흠흠, 부끄러운 일로 사회봉사를 하게 됐지만, 나쁘지는 않았어. 하하, 내 인격이 한층 더 높아졌다고나 할까?

인권이라는 말 들어봤나? 난 사회봉사를 하면서 인권이라는 아름다운 말과 그 뜻을 깨닫게 되었어. 우리에겐 모두 인간답게 살 권리가 있는 거라고. 장애인이든 다문화 가정의 어린이든, 자식에게 버림받은 노인이든 할 것 없이 차별받지 않고, 살아갈 고귀한 권리 말이야. 뭐, 말이 어렵다고? 쉽게 푼다고 한 건데, 워낙 내 지식이 깊고 끝이 없어서 말이야.

뭐, 지금까지 내 이야기를 길게 한 건, 살다 보면 나쁜 일 있고, 그다음엔 또 좋은 일 오고 그런다는 걸 말하고 싶어서야. 많은 일

을 겪을수록 예전의 나보다 훨씬 좋은 사람이 된 것도 같아. 하지만 지금부터는 아무 일 없이 그냥 꼬불꼬불면 많이 팔면서 쭉 잘 살고 싶어.

그런데 그렇게 될 것 같지 않아. 나에게 어떤 사람이 이렇게 부르더군. '환경파괴자'라고 말이야. 난, 개미 한 마리도 밟지 못하는 마음이 여린 사람인데, 감히 그런 말을 하다니! 처음엔 펄쩍 뛰었지만, 나중에 알고 보니, '내가 환경을 정말 모르고 살았구나!' 하는 생각이 들었어.

지금부터 내가 겪은 또 다른 사건을 들어 보렴. 그러면, 환경이란 무엇인지, 환경이 얼마나 소중한지 알게 될 거야.

 "다시 태어난 것 같아요. 내 모든 게 다 달라졌어요. ♩♪♬~ 누군지 몰라도 노래를 참 잘 만들었단 말이야. 어쩜 이렇게 내 마음과 똑같은지……."

 수염왕은 어디선가 들은 노래를 흥얼거렸어. 평소 같으면 이불 속에서 꼼지락거렸을 텐데, 벌떡 일어나 창문을 활짝 열었어. 상쾌한 공기가 방 안 가득 들어왔어. 수염왕은 크게 기지개를 켰어. 분명히 어제와 똑같은 아침인데, 수염왕의 기분은 땅 밑과 구름 위처럼 달랐어.

 "오늘부터 나 수염왕은 새사람으로 태어났다. 하하하."

 수염왕은 크게 한번 웃은 뒤 세바스찬이 자는 쪽으로 고개를 돌렸어. 세바스찬은 시끄러운 웃음소리에도 깨지 않고, 낮게 코를 드르렁거리며 잠자고 있었어.

"세바스찬, 일어나! 이런 날 늦잠을 자는 건 있을 수 없는 일이야."

오늘은 수염왕이 200시간의 사회봉사를 다 마친 날이야. 처음엔 억지로 끌려가다시피 가서 복지관에서 봉사했어. 하지만 200시간이 다 지나고 나자, 왠지 모르게 자신이 달라진 것 같았어.

예전에 왕이었을 때는 권력이 있었고, 왕수염회사의 사장이 되어서는 돈이 많이 생겼지. 그런데 봉사 활동을 마친 지금은 돈과 권력보다 더 소중한 게 생긴 기분이었거든. 그게 뭔지 눈으로 볼 수는 없지만 말이야.

수염왕은 베개에 얼굴을 파묻고 있는 세바스찬을 발로 툭툭 건드렸어.

"어허, 일어나래도. 오늘을 기념하기 위해 산책을 가 보자꾸나."

수염왕은 아직 잠이 덜 깬 세바스찬을 억지로 깨웠어. 세바스찬은 귀찮은지 끄응 하는 소리를 냈어.

"주인보다 늦게 일어나는 개는 꼬불꼬불나라에서 너밖에 없을 거다. 옆집 개는 아침마다 신문도 가져오고, 그 옆집 개는 마트에 가서 우유도 사 온다는데, 쯧쯧."

수염왕이 옆집 개 타령을 시작하자, 세바스찬은 마지못해 하품을 쫙 하며, 두 다리를 쭉 폈어.

수염왕은 그제야 만족한 듯, 옷장 문을 열고 옷을 고르기 시작했지.

"요즘은 유월에도 한여름같이 덥단 말이야. 봄은 너무 짧고, 여름은 길어. 봄에 입으려고 사 둔 가죽점퍼를 몇 번 입어 보지도 못하고 이렇게 걸어 둬야 한다니……."

수염왕은 안타까운 듯 가죽옷을 쓰다듬었어. 그러더니 화려한 꽃무늬가 가득한 반소매 셔츠와 역시 화려한 꽃을 수놓은 챙이 넓은 모자를 꺼냈어.

"햇볕에 얼굴 타면 안 되니까. 내 피부는 소중하거든."

선크림을 바르는 것도 잊지 않았어.

"세바스찬, 너도 선크림을 발라 주마. 자외선은 피부의 적이야."

대문 밖으로 나가자, 세바스찬이 어디로 갈 거냐는 듯 수염왕을 쳐다보았지.

"꼬불꼬불 강변으로 갈 거야."

수염왕이 강변 쪽을 가리켰어. 차를 타고 가다가, 꼬불꼬불 강을 따라 만든 산책길을 본 적이 있는데, 무척 근사했거든. 자전거 도로도 있었고, 나무와 꽃도 심어 놓아서 보기가 좋았지.

꼬불꼬불 강변으로 가려면 수염왕의 집에서 큰길을 몇 개 지나야 했어. 평소 같으면 자동차를 탔겠지만, 오늘은 특별히 산책을 나온 거니까 걸어가기로 했어.

수염왕은 건널목 앞에서 신호등이 초록색으로 바뀌기를 기다렸어. 자동차와 버스가 쌩쌩 수염왕의 코앞으로 지나갔어.

"흠, 꼬불꼬불나라에도 자동차가 참 많아졌어. 옛날 아버지가 이 나라를 다스릴 때만 해도, 자동차는 아주 특별한 신분만 탈 수 있었는데 말이야. 짧은 시간 동안 얼마나 많은 것이 변했는지 몰라. 자동차, 에어컨, 휴대전화……. 이런 물건을 쓸 거라고는 상상도 못 했지."

신호등이 초록색으로 바뀌자 수염왕은 건널목으로 한 발을 내디뎠어. 그때 빵 하는 요란스러운 소리를 내며 날렵하게 생긴 빨간색 자동차 한 대가 무서운 속도로 수염왕 앞을 지나갔어. 회색 연기도 한 아름 내뿜으면서.

"콜록콜록. 뭐야! 이런 고얀. 교통신호도 제대로 안 지키는 저

런 인간은 자동차를 못 타게 해야 해. 게다가 이 숨 막히는 연기는 또 뭐람. 이런 걸 마시면, 병에 걸리는 거 아니야?"

수염왕은 금실로 이름을 수놓은 손수건을 꺼내 코를 막았어. 세바스찬도 몇 가닥 안 되는 코 옆의 수염이 떨리도록 재채기를 했지.

자동차 매연 탓에 좋던 기분이 확 나빠지려 했어.

"참자, 참아. 오늘은 특별한 날이니까."

수염왕은 숨을 한 번 크게 내쉬며, 기분을 가라앉혔어. 건널목을 3개 더 지나자, 멀리 강변의 산책길이 보였어.

산책길은 무척 평화로워 보였어. 줄지어 선 어린 벚나무의 초록 잎이 햇살에 반짝거렸어. 나무 밑에는 검은 버찌가 토독토독 떨어져 있었고, 나무 아래 심어둔 이름 모를 노란 꽃도 예뻤어. 그런데 산책을 하는 사람들은 보이지 않았고, 가까이 다가갈수록 이상한 냄새가 코를 찔렀어.

"이게 무슨 냄새야? 어디서 하수구 뚫는 냄새가 나는데?"

세바스찬도 코를 킁킁거리며 강가로 내려갔어.

강에는 물이 많이 없었고, 그마저도 검푸른 색을 띠고 있었어. 잘 보이지 않는 물속엔 수초가 가득 자라고 있었고, 음료수 캔과

과자 봉지도 바닥의 흙과 뒤엉켜 있었지.

"아니, 꼬불꼬불 강이 어떻게 된 거지? 예전에 이 강은 너무 맑아서 물고기가 노는 게 훤히 보였는데! 나도 여름이면 종종 강에 배를 띄워 놓고 낚시를 했는데 말이다."

수염왕은 혀를 쯧쯧 차며 검푸른 강물을 바라보았어. 그때 할짝할짝 하는 소리가 수염왕의 귓가를 스쳤단다.

"앗! 세바스찬, 더러운 강물을 먹다니! 아무리 목이 말라도 그렇지. 품위 떨어지게 뭐 하는 거냐."

수염왕은 화들짝 놀라, 강물에 코를 박고 있는 세바스찬의 목줄을 잡아당겼어.

"어서 집에 가서 얼음 동동 띄운 생수를 먹도록 하자. 나도 입이 바짝바짝 마르는구나. 아, 덥다. 더워."

 ## 수염왕은 왜 환경에 관심을 가져야 할까요?

　2007년 12월 7일 아침, 태안 사람들은 바다를 보고 할 말을 잃었단다. 태안 앞바다가 검은 기름으로 가득했기 때문이었어. 삼성중공업의 해상크레인과 현대오일뱅크의 기름을 실은 유조선이 충돌하면서 순식간에 바다는 검은 기름으로 뒤덮인 죽음의 바다가 되었지.

　전국에서 100만 명이 넘는 자원봉사자들이 모여 냄새나는 기름을 걷어 내었단다. 그들은 아름다운 자연이 망가진 것을 슬퍼하며 돌멩이 하나하나마다 기름을 닦아냈어. 직접 가지 못하는 사람들은 헌 옷과 수건을 보내기도 했지.

태안반도 기름유출 사건(2007년 12월)

한순간의 실수로 자연과 그 자연에 기대어 사는 사람들이 말할 수 없이 큰 상처를 받았단다. 바닷속 생물들뿐 아니라 태안 앞바다에서 물고기나 조개를 잡는 어민이나, 장사하는 사람들도 큰 피해를 보았어.

　이렇듯 자연환경과 사람의 삶은 따로 떼어놓고 생각할 수 없어. 물이 오염되면 그 물을 마시고 사는 동식물이나 사람 모두 피해를 보게 돼. 공기나 땅이 오염되어도 마찬가지야.

　그런데 우리는 오랫동안 자연환경이 얼마나 소중한지 생각하지 않고, 마음대로 자연을 이용하고, 망가뜨려 왔단다.

　산을 깎아 도로를 만들거나 건물을 짓고, 갯벌을 메워서 그곳에 건물을 세웠지. 또 강과 바다에 쓰레기와 세제, 공장에서 나오는 폐수를 흘려보냈어. 땅속 깊이 묻힌 석탄과 석유를 파내서 자동차를 움직이게 하고, 생활에 편리한 갖가지 물건들을 만들었지.

　그 결과 지구는 점점 병들게 되었고, 이상한 일들이 벌어졌지. 전에는 없었던 큰 홍수나 지진이 일어났어. 한편으로는 가뭄이 너무 심해져서 농사를 지을 수 없는 나라도 생겨났고, 물을 둘러싸고 전쟁이 일어나기도 했어.

　사람들은 이런 재앙들이 바로 자연을 아끼지 않고, 함부로 대했기 때문이란 걸 깨달았어. 그리고 자연환경을 지키려면 어떻게 해야 할까 고민하기 시작했지.

수염왕도 이제 막 자신이 사는 마을이 예전처럼 깨끗하지 않다는 걸 느끼게 되었어. 수염왕은 앞으로 오염된 환경이 자신에게 어떤 피해를 주는지, 환경이 얼마나 소중한지 깨닫게 될 거야.

수염왕은 오염된 꼬불꼬불 강을 보고 안타까워했어요. 강이 오염된 이유는 무엇인가요?

그래, 수염왕은 옛날에 물속이 훤히 들여다보일 정도로 맑았던 꼬불꼬불 강을 그리워했어. 그곳에서 뱃놀이도 하고, 물고기도 잡았던 아름다운 기억을 떠올리며 속상해했지.

어쩌면 친구들의 부모님도 수염왕과 같은 기억이 있을 거야. 예전에는 강이나 하천이 참 맑았는데, 지금은 오염되었다고 안타까워할지도 몰라.

그럼, 강은 왜 그렇게 오염된 걸까? 누가 그런 일을 한 걸까?

먼 옛날부터 사람들은 강이 가까운 곳에서 모여 살았어. 강에서 먹을 것을 얻고, 또 생활에 필요한 물을 끌어 써야 했으니까 말이야. 중국에

는 양쯔 강이란 큰 강이 있는데, 중국 인구의 약 3분의 1이 그 강 근처에 살고 있다고 해.

우리나라에도 한강, 낙동강, 영산강, 금강, 섬진강 같은 큰 강이 5개 있단다. 그리고 우리는 그 강을 중심으로 생활하고 있어.

50년 전만 해도, 한강의 물을 그냥 먹는 사람도 있었고, 그 물로 장이나 술을 담그기도 했단다. 지금은 도저히 생각할 수도 없는 일이지.

강이 오염된 데는 여러 가지 이유가 있어. 우선 가정에서 쓰는 주방 세제나 세탁 세제 등의 생활하수가 있지. 또 논이나 밭에서 기르는 작물에 주는 농약이나 화학 비료가 강으로 흘러가기도 해. 닭이나 돼지, 소 같은 가축의 똥과 오줌, 그리고 공장에서 내보내는 폐수도 강을 오염시키고 있단다.

수염왕의 환경 노트

환경이란 우리를 둘러싼 모든 것을 말한다. 그중에서도 땅, 공기, 물 같은 것을 자연환경이라고 한다. 사람들은 그동안 자연환경을 이용하면서 자연을 파괴해 왔다. 그래서 지금은 오염된 자연 때문에 오히려 인간이 피해를 보게 되었다.

(내가 왕이었을 때는 이 나라가 무척 깨끗했다고. 도대체 그동안 무슨 일이 일어난 거야? 나는 자연환경에 아무런 해를 끼치지 않은 깨끗한 사람이라고!)

잠깐노트

돌고 도는 물!

수도꼭지를 틀면 콸콸 쏟아지는 물, 이 물은 어디서 오는 걸까?

우리가 가정에서 사용하는 수돗물은 강이나 호수에서 끌어온단다. 그런데 강이나 호수의 물을 그대로 사용할 수는 없어. 물속에 병을 일으키는 세균이나 먹을 수 없는 물질이 들어 있기 때문이야. 그래서 정수처리장을 거친 다음 수도관을 통해 각 가정으로 오게 돼.

강물이 집까지 오는 과정이 복잡하지? 강이나 호수의 물을 그냥 먹을 수 있을 만큼 깨끗하다면 이런 정수처리 과정을 거칠 필요가 없겠지만, 지금 우리가 사는 환경은 그렇지 못하단다.

정수 과정을 통해 깨끗해진 수돗물은 각 가정으로 도착한 뒤 어떻게 사용되고 있을까? 우리는 수돗물로 설거지하고, 샤워하고, 빨래하지. 채소도 씻고. 그러면서 수돗물은 다시 각종 세제로 오

강 →

취수장: 강에서 물을 가져온다.
착수정: 물의 흐름을 안정시키고, 물의 양을 조절한다.
혼화지: 물속에 있는 작은 알갱이를 가라앉히기 위해 약품을 섞는다.
응집지: 작은 알갱이들이 서로 뭉치도록 서서히 저어준다.
침전지: 크게 된 알갱이들이 가라앉게 한다.
여과지: 모래와 자갈을 통과하면서 아직 남아 있는 작은 찌꺼기가 걸러지도록 한다.
소독: 세균을 없애기 위해 염소를 넣는다.
정수지: 깨끗해진 물을 저장한다.
배수지: 각 가정으로 수돗물을 보내기 위해 물을 저장한다.

→ 가정

염돼. 오염된 물은 하수구로 빠져나가고, 이번에는 폐수처리 과정을 거친 다음 강으로 흘러가게 된단다. 샴푸, 비누, 기름, 음식 찌꺼기로 가득한 물이 그냥 강으로 들어간다면 강은 순식간에 죽어

버리고 말 거야.

　결국 우리가 사용하는 물은 돌고 도는 거란다. 우리가 버린 물이 강으로 가고, 그 강물이 다시 우리 집으로 오는 거지.

　강을 오염시키는 가장 큰 원인이 각 가정에서 내보내는 생활하수라고 해. 깨끗한 물을 원한다면, 먼저 물을 오염시키지 않는 것부터 시작해야겠지? 물은 돌고, 돈다는 사실을 기억하렴.

집으로 돌아오는 길은 갈 때보다 몇 배는 힘들었어. 그새 해는 더 높이 떠서 따가운 햇볕을 화살처럼 쏘아댔어. 수염왕의 발걸음은 점점 느려졌어. 건널목을 건널 때도 빨리 건너지 못해서, 차들이 빵빵거렸지. "이런, 고얀!" 하고 외칠 힘도 없었어.

수염왕의 이마와 콧잔등에 땀이 몽글몽글 솟아나다 못해, 주르륵 흘렀지. 세바스찬도 혀를 쭉 내밀고, 헉헉거리며 거친 숨을 내쉬었어.

"세바스찬, 집에 들어가면 먼저 에어컨부터 빵빵하게 틀어라. 그다음엔 시원한 얼음물도 가져오고……."

수염왕이 입술에 마른침을 묻히며 현관문 손잡이를 잡는 순간, 갑자기 문이 벌컥 열렸어. 그 탓에 뒤로 엉덩방아를 찧으며 넘어지고 말았지.

"축하합니다, 사장님!"

요란한 폭죽 소리와 함께 빨강·노랑·파랑 색종이가 수염왕의 머리 위로 뿌려졌어.

"뭐, 뭐야. 너희는?"

수염왕이 고개를 들어 올려다보자, 그곳에는 비서 성실해와 일잘해 부장, 그리고 처음 보는 한 여자가 서 있었어.

일잘해 부장이 수염왕의 팔을 잡고 일으켜주며 말했어.

"깜짝 놀라셨죠? 사장님께서 사회봉사 200시간을 무사히 마치신 것을 축하하려고 모였습니다."

"뭘 그런 걸 자랑이라고 동네 시끄럽게 이런 걸 해?"

수염왕은 겉으로는 툴툴거렸지만, 입꼬리가 슬며시 올라가는 건 어쩔 수가 없었지.

"사장님, 저희가 식사를 준비해 뒀어요. 저희 이모가 도와주셨고요."

성실해가 음식이 차려진 식탁과 아까부터 옆에 서서 수염왕을 뚫어지게 보던 여자를 가리키며 말했어.

그 순간, 수염왕의 팔자수염이 파르르 떨렸어. 아마 다른 사람의 눈에는 보이지 않았을 거야. 그 미세한 떨림! 하지만 수염왕은

느낄 수 있었지. 음, 왠지 느낌이 좋지 않아!

"처음 뵙겠습니다. 온난화라고 합니다."

성실해의 이모라는 여자가 이름을 말하며, 수염왕 앞으로 성큼 다가왔어. 수염왕보다 키가 한 뼘은 더 크고, 곧게 편 어깨가 단단해 보였어. 마치 독수리가 높은 바위 위에서 날개를 쫙 펴고 날아오른 것 같았어. 쏘아보듯 날카로운 눈빛은 '나는 네 모든 것을 알고 있다.'라고 하는 듯했지.

수염왕은 자기도 모르게 뒤로 물러섰어.

"아, 바, 반갑습니다. 오, 온난화 여사님."

말까지 더듬었지. 게다가 존댓말이라니, 여사라는 호칭까지, 수염왕의 역사에 없던 일이었어.

온난화 여사는 그런 수염왕을 바라보더니, 한쪽 입꼬리를 슬쩍 올렸어. 그리고 식탁 쪽으로 성큼성큼 걸음을 옮겼어.

수염왕은 결국 그 뒤를 졸래졸래 따라가는 꼴이 되었어. 기분이 나빠진 수염왕은 큰 소리로 투덜거렸지.

"집이 왜 이렇게 덥나? 에어컨 좀 빵빵하게 틀어 봐."

그 말을 듣고, 온난화 여사가 걸음을 뚝 멈췄어. 그리고 천천히 뒤돌아섰어.

"에어컨이라고요? 당신이 시도 때도 없이 틀어 대는 에어컨 때문에 지구는 점점 뜨거워집니다. 이 정도 더위라면 부채를 이용하십시오. 굵은 팔뚝 놔뒀다가 뭐합니까. 창문도 활짝 활짝 열고요. 정원에 나무도 좀 심어요. 그러면 훨씬 시원해지겠죠. 사실, 정원이라고 부르기도 부끄럽습니다. 난 태어나서 풀 한 포기 없는 정원은 처음 봅니다. 사하라 사막에도 선인장쯤은 있을 겁니다."

온난화 여사는 독수리가 먹이를 발견한 것처럼, 다다다 말을 쏟아냈어.

"아니, 내 집에서 내가 에어컨을 틀든 말든 당신이 무슨 상관이야? 그리고 무슨 잔소리가 그렇게 많아?"

수염왕은 지지 않으려는 듯 목소리를 높였어. 하지만 온난화 여사는 들은 체 만 체 식탁에 자리를 잡고 앉았지. 마치 자신이 이 집의 주인인 것처럼.

가뜩이나 6월 햇볕에 달궈진 수염왕의 얼굴이 더 붉어졌어. 수염왕은 크게 숨을 한 번 들이쉬었다가, 천천히 내쉬었어.

'참자, 참아. 난 200시간이나 인권을 교육받은 사람이야. 집에 온 손님을 내쫓을 수는 없지.'

일잘해 부장과 성실해는 수염왕의 붉으락푸르락한 얼굴을 보며

슬금슬금 자리에 앉았어.

　모두 자리에 앉자, 온난화 여사가 식탁 위 음식을 가리키며 말했어.

　"이 배추 겉절이는 유기농 배추로 만든 것입니다. 배추는 옆 마을에서 오늘 아침 가져온 것이고요. 친환경으로 재배한 산딸기와 채소로 샐러드도 만들었어요. 모두 맛있게 드시길 바랍니다."

　"우와, 맛있겠네요. 잘 먹겠습니다."

　일잘해 부장과 성실해는 바쁘게 젓가락을 움직이며 먹기 시작했어. 세바스찬도 식탁 밑에 자리를 잡고 허겁지겁 먹어 댔지. 하지만 수염왕은 젓가락을 들었다 놨다 하더니 그만 식탁 위에 탁 놓아 버렸어.

　순간, 온난화 여사의 눈빛이 번뜩였어.

　"수염왕 씨, 설마 음식이 입에 안 맞는 건 아니겠지요?"

　"흠흠, 난 소고기 없으면 밥을 먹지 않아."

　"뭐라고요! 당신이 그동안 먹어 온 소고기 때문에 환경이 얼마나 오염되었는지 압니까? 소고기를 탐내는 당신 같은 사람 때문에 기후 변화가 일어나는 겁니다. 해마다 태풍으로 얼마나 큰 피해를 보고 있는지 아십니까? 게다가 당신의 배를 좀 보십시오. 그 뱃살

을 보고도 고기를 먹어야겠다고 말하고 싶습니까? 당신은 단백질이 필요한 십 대 소년이 아니라고요."

'아니, 이 여자가 지금 뭐라는 거야. 내가 좋아하는 소고기와 환경오염이 무슨 관계가 있다는 거야. 그리고 뱃살 얘기는 왜 하는 거지? 이거 인권 침해 아니야?'

수염왕의 팔자수염은 이제 누가 봐도 알 정도로 부들부들 떨렸어. 일잘해 부장과 성실해는 '큰일 났다!' 하는 표정으로 서로 쳐다보았어.

"아, 그런 건 모르겠고. 당신들, 빨리 먹고 돌아가 줘. 안 그래도 오늘 열을 너무 받아서 피곤해."

예전의 수염왕 같았으면 당장 쫓아 버렸을 거야. 하지만 수염왕은 다시 한 번 꾹 참고 방으로 들어갔어. 들어가면서 입가에 잔뜩 산딸기 물이 든 세바스찬을 발끝으로 밀었어. 따라 들어오라는 듯. 하지만 세바스찬은 그릇에 코를 박은 채 꼼짝도 하지 않았어.

방 안에서 듣고 있으니, 온난화 여사가 큰 목소리로 사람이 예의가 없다는 둥, 사회봉사를 추가로 100시간 더 해야 한다는 둥 떠들어대는 소리가 들렸어. 일잘해 부장과 성실해가 그런 온난화 여사의 등을 떼밀며 나가는 것 같았지.

"아, 정말 피곤하다. 가뜩이나 산책도 제대로 못 해서 기분이 엉망인데, 웬 이상한 여자까지 들이닥치다니. 낮잠이나 자야겠다."

수염왕은 그대로 침대에 쓰러져 잠이 들었어.

얼마나 잤을까? 배에서 꼬르륵 소리가 천둥처럼 울려 일어났을 때는 해가 뉘엿뉘엿 지고 있었지.

"밥도 굶고 잤더니, 배가 고프군. 오랜만에 소갈비나 뜯으러 가 볼까? 세바스찬, 슬리퍼 가져와."

수염왕은 세바스찬을 불렀어. 그런데 고기라는 소리를 들으면 빛의 속도로 뛰어오던 세바스찬이 아무런 기척이 없었어. 수염왕은 침대에서 내려와 슬리퍼를 주섬주섬 신고서는 거실로 나가 보았어.

세바스찬은 소파 위에 축 늘어져 있었지. 수염왕은 이상한 생각이 들어 침대에서 내려와 세바스찬의 몸을 흔들었어.

"세바스찬, 세바스찬!"

세바스찬은 힘없이 눈을 한 번 떴다가 감아 버렸어. 수염왕은 그대로 세바스찬을 안고, 차에 태워 동물 병원으로 달려갔단다.

더운 날, 에어컨도 못 틀게 하다니 너무해요.
온난화 여사는 왜 에어컨 때문에
지구가 더워진다고 한 건가요?

　매년 여름이 되면, 어쩐지 작년보다 더 더워진 느낌이 들어. 햇볕이 너무 따가워서, 어쩔 땐 화상을 입는 게 아닐까 하는 걱정도 돼. 그럴 때면 얼른 에어컨을 튼 시원한 건물로 들어가고 싶어지지.

　그런데 여름이 되면 또 이런 뉴스도 종종 들려 와. '지구온난화를 막기 위해, 에어컨 사용을 줄여야 한다, 온실가스를 줄이기 위해 하루 30분씩 에어컨 끄기 운동을 벌이자.'

　친구들도 지구온난화란 말을 많이 들어봤을 거야. 말 그대로 지구가 따뜻해진다는 뜻이지. 지난 100년 동안 지구 온도는 0.74도 올랐어 (1906~2005, 유엔 기후변화협의회). 서울 같은 대도시는 3도 가까이 올랐다고 해.

　이렇게 지구 기온이 올라가면서 기후가 변하고, 여러 가지 환경 재해가 일어난단다. 지구 온도가 올라가면서 더 많은 바닷물이 증발하고, 그래서 홍수나 태풍의 힘이 점점 세어지게 되었어. 2010년에 온 태풍 곤파스는 우리나라 서해안 지역에 엄청난 손해를 입혔어. 사과, 배, 포도 같

태국 대홍수(2011년)

홍수 피해를 당한 태국 가정들

은 과일 농장들이 망가졌고, 사람들이 죽거나 다쳤지. 또 2011년 태국에서는 넉 달 동안이나 대홍수가 일어났단다.

지구 온도가 올라가는 건 바로 온실가스 때문이야. 온실가스는 지구를 둘러싼 대기를 구성하는 기체야. 온실가스는 태양의 빛 에너지가 지구로 들어왔다가 나갈 때 일부분을 흡수한단다. 만약 온실가스가 없다면 지구의 평균 기온이 영하 18도로 떨어질 거라고 해. 온실가스는 꼭 필요한 것이지만, 지난 100년 동안 온실가스의 양이 너무 많아져서 지구 기온이 자꾸 올라가고 있는 거야.

온실가스에는 이산화탄소, 메탄, 프레온 같은 기체들이 있어. 석유나 석탄 같은 화석연료를 태우면 이산화탄소가 나오는데, 전기나 자동차 등의 사용이 많아지면서 이산화탄소도 많이 나오고 있지.

프레온은 냉장고나 에어컨의 냉매로 사용되었어. 지금은 프레온이 지구온난화를 더욱 심하게 한다고 해서, 사용을 금지했단다. 그리고 에어컨 1대는 선풍기 30대와 맞먹는 전기를 사용한다고 하는구나. 이제 수염 왕에게 에어컨을 켜지 못하게 한 온난화 여사의 깊은 뜻을 이해할 수 있겠지?

이산화탄소 때문에 지구가 자꾸 더워진다는 건 알겠어요. 그런데 소고기와 지구온난화는 무슨 상관이 있나요?

온실가스 중에는 메탄가스가 있었지? 메탄가스는 이산화탄소보다 20배나 더 많이 열을 가둔다고 해. 그런데 이런 메탄가스가 소가 방귀를 뀌거나 트림을 할 때 나온다는구나. 그래서 어떤 나라에서는 소의 방귀에도 세금을 내게 한대. 소가 방귀를 뀌면 얼마나 뀌겠느냐고? 소 한 마리가 1년 동안 내보내는 온실가스가 자동차 한 대보다 많다고 하니까, 결코 적은 양이라고 할 수 없겠지.

그리고 소를 키우는 방법에도 문제가 있단다. 옛날에는 소를 초원에 풀어 놓고 풀을 먹이며 키웠어. 하지만 사람들이 고기를 많이 먹게 되면서 소를 키우는 사람들은 소를 더 빨리 살찌우고 싶어졌지. 그래서 풀 대신 콩이나 옥수수 같은 사료를 먹이게 된 거야. 콩이나 옥수수 같은 곡물은 주로 열대우림을 없애고 재배하는데, 숲을 불태우면서 엄청난 이산화탄소가 나온단다.

소고기 1kg을 얻기 위해서는 곡물이 7.5kg 든다고 해. 곡물을 기를 때 들어가는 석유도 한번 생각해 보렴. 농기계를 움직이기 위해서, 화학 비료를 만들기 위해서도 석유가 필요하지. 따라서 소고기를 먹는 것은 채소나 물고기를 먹을 때보다 훨씬 더 많이 환경오염을 시킨단다.

그리고 한 가지 더! 콩이나 옥수수 같은 곡물의 절반 이상이 가축의 사료로 쓰이고 있어. 만약 우리가 고기를 좀 덜 먹는다면, 그런 곡물을 가난한 나라의 굶주리는 사람들에게 줄 수 있단다.

수염왕의 환경 노트

지구온난화란 온실가스 때문에 지구 기온이 자꾸 올라가는 것이다. 석유와 석탄을 태울 때 나오는 이산화탄소가 가장 큰 원인이다. 지난 100년간 지구 기온은 0.74도 올랐고, 태풍·허리케인·홍수 같은 자연재해가 점점 더 커지고 있다.

(뭐든지 적당히 사용할 줄 알아야지. 욕심부리면 안 된다고! 그런데 나, 에어컨이랑 소고기 없이는 못 사는데…… 어쩌지?)

"이봐, 문 열어. 환자가 있다고!"

수염왕은 동물 병원 문을 부술 듯이 열고 들어갔어. 의사가 놀란 눈으로 진료실 안에서 뛰어 나왔어. 병원 안에 있던 하얀 고양이도 놀라서 날카롭게 야옹 하고 소리를 질렀지.

수염왕은 의사를 밀치고 들어가, 세바스찬을 진료실 침대 위에 눕혔어. 하얀 거품이 입가에 묻어 있었어. 의사가 따라 들어와 세바스찬을 들여다보았지.

"무슨 일입니까? 개가 언제부터 이랬나요?"

"낮잠을 자고 일어났더니 축 늘어져 있었어. 오는 길에 점심으로 먹은 이상한 음식을 몽땅 토해 버렸어."

의사는 세바스찬의 몸에 청진기를 대보고, 눈꺼풀도 뒤집어 보았어. 그러고는 고개를 갸웃거렸어.

"음식을 잘못 먹은 것 같은데요. 그런 것치고는, 상태가 심각해 보이지만 말입니다. 일단 구토와 설사를 멈추는 주사를 놓아주겠어요. 계속 지켜보지요."

의사는 주사를 놓고, 세바스찬을 작은 침대에 눕혔어. 수염왕은 침대 옆에 의자를 가져다 놓고, 밤새도록 앉아 있었어. 꾸벅꾸벅 졸다가도 번쩍 눈을 뜨고, 세바스찬을 살펴보았어.

'친구라고는 늙은 개 세바스찬밖에 없는데……'

그 생각을 하자, 외로움이 왈칵 밀려와 눈물이 찔끔 나왔어.

"세바스찬, 얼른 정신을 차려야지. 그동안 내가 너무 구박해서 미안했다. 이제 소리도 안 지르고, 옆집 개랑 비교도 안 하마."

세바스찬은 나아지는 기색이 없었어. 열까지 나면서, 계속 끙끙대다가 새벽녘이 되어서야 겨우 잠이 들었지. 숨을 쉴 때마다 늘어진 뱃가죽이 힘겹게 부풀어 올랐다가 꺼져 내렸어.

아침이 되자 수염왕의 눈 밑에 검은 그림자가 길게 내려왔어. 잠을 제대로 못 자서 눈도 벌겠어. 수염왕은 잠든 세바스찬의 등을 천천히 쓸어주다가, 무슨 생각이 떠올랐는지, 벌떡 일어섰어.

"이건 분명히 어제 왔던 온나나인지, 온난화인지 하는 여자가 꾸민 짓이야. 그 여자가 만든 음식을 먹고 탈이 난 게 틀림없어.

왠지 처음 볼 때부터 마음에 들지 않았다고."

수염왕은 밖으로 달려나가, 바퀴가 빠질 정도로 요란스럽게 차를 몰았어.

끼익!

차가 회사 앞에 도착하자, 쏜살같이 달려 들어갔지. 성실해가 방긋 웃으며 아침 인사를 건넸어.

"사장님, 안녕하세요. 좋은 아침입니다."

수염왕은 대답은 하지 않고, 성실해를 노려보았어.

"이봐! 성실해. 당신 이모라는 사람 도대체 정체가 뭐야?"

성실해는 고개를 갸우뚱했어.

"사장님, 무슨 말씀이세요?"

"어제 그 여자가 만든 음식을 먹고 세바스찬이 밤새도록 아팠어. 내 세바스찬은 전용 사료만 먹어야 하는 고귀한 몸이라고. 그 음식에 독이라도 넣은 것 아니야?"

성실해의 동그란 눈이 더 동그래졌어.

"저희 이모는 그러실 분이 아니세요. 오랫동안 환경 운동을 하신 분이고……."

"환경 운동? 그게 뭐지? 어쩐지 힘이 장사처럼 보이더라니. 그

거 아주 위험한 운동 아니야?"

"사장님, 환경 운동은 그런 게 아니고요. 오염된 물과 공기 같은 자연을 살리자는 것으로……."

성실해의 말이 채 끝나기도 전에 사장실 문이 벌컥 열렸어.

문밖에는 온난화 여사가 마치 동상처럼 우뚝 서 있었어. 그 뒤로 고슴도치처럼 머리가 삐죽삐죽하게 솟은 청년이 커다란 피켓을 들고 있었고, 또 청년 옆으로 몇 명의 사람들이 늘어서 있었지.

수염왕은 눈을 찌푸리며 피켓에 쓰인 글을 읽었어.

생태계 파괴하는 제2공장 건설 중지하라!

"당신들, 뭐 하는 사람들이야? 이렇게 우르르 몰려와 뭘 어떡하겠다는 거야?"

고슴도치 머리가 정중히 말했어.

"저희는 수염왕 사장님께 부탁할 일이 있어서 왔습니다. 잠시 시간을 내주시죠."

수염왕은 그 말에는 대꾸하지 않고, 부들부들 떨리는 손가락으로 온난화 여사를 가리켰어.

"이것 봐. 점점 더 수상해지는군. 어제는 내 집에 와서 나를 관찰하더니, 오늘은 패거리까지 몰고 왔군. 나한테 원하는 게 뭐야?"

고슴도치 머리가 한 걸음 앞으로 나왔어.

"무례하시군요. 저희는 '푸른 지구'라는 환경 단체에서 나왔습니다. 이상한 사람들이 아닙니다. 왕수염회사에서 제2공장을 지을 때 생기는 위험 요인을 말씀드리고 싶습니다."

온난화 여사가 고슴도치 머리의 등을 가볍게 두드렸어. 그리고 조용히 "잠시 밖에서 기다려요. 내가 이야기할 테니." 하고 말했어.

고슴도치 머리는 잠깐 멈칫하더니 고개를 끄덕이고, 사람들을 데리고 나갔어.

온난화 여사는 수염왕 앞으로 척척 걸어오더니, 긴 종이 한 장을 쭉 펼쳐 보였어. 마치 요요가 떨어지는 것처럼 종이가 주르륵 펴졌다가 다시 또르르 말려 올라갔지.

종이 맨 위에는 굵은 글씨로 이렇게 쓰여 있었어.

꼬불꼬불면 제2공장 건설이
환경에 끼칠 악영향 100가지!

"이건 또 뭐야!"

수염왕이 부르짖었어.

온난화 여사가 환경 운동을 한다고 했어요.
환경 운동가는 어떤 일을 하는 사람인지 궁금해요.

수염왕이 계속 수상하다고 생각했던 온난화 여사의 정체가 밝혀졌구나. 바로 환경 운동가였어. 온난화 여사와 함께 온 사람들도 같은 일을 하는 사람들이지.

환경 운동이란 망가진 자연환경을 다시 깨끗이 하려는 운동이야. 그리고 자연환경이 더 오염되지 않도록 지키는 운동이지. 환경 운동가란 환경을 지키는 일을 하는 사람을 말하는 거란다.

산업이 발달하면서 자연환경이 많이 파괴되었다고 했지? 물이 오염되고, 공기가 나빠지고, 개발 때문에 숲이 사라졌어. 환경 운동가들은 자연환경이 우리 인간에게 얼마나 중요한지를 알려주고, 함께 지켜나가자고 말한단다. 개인으로 활동하기도 하고, 여러 사람이 모여 단체를 만들어 활동하기도 해.

정부에서 만들려고 하는 댐이나 발전소가 자연을 파괴하는 것은 아닌지 감시하고, 기업에서 만드는 제품이 사람과 자연에 안전한지 알아보기도 하지. 멸종 위기에 있는 동식물을 보호하기도 해. 만약 정부나 기업이 자연에 해로운 일을 한다면 그것을 막기 위해 여러 가지 일을 한단다.

직접 시위를 하거나, 신문이나 방송을 통해 사람들에게 알리기도 해. 그래서 더 많은 사람의 힘을 모아서 환경을 지켜나간단다.

환경 운동가는 정부나 기업같이 힘이 강한 상대와 부딪혀야 할 때가 많아. 그쪽에서 보면 환경 운동가들이 일을 방해하는 눈엣가시처럼 보이기도 해. 그래서 때로 환경 운동을 하다가 위험에 처하기도 한단다.

브라질에 '치코 멘데스'라는 환경 운동가가 있었어. 그는 아마존 숲에서 고무나무 수액을 모아 파는 노동자였지. 숲에서 태어나, 숲과 더불어 살아가는 정직한 사람이었어. 그런데 고무 가격이 내려가자, 자본가들은 숲을 없애고 목장을 만들려고 했어. 숲이 없어지자, 고무 노동자들은 살 곳을 잃었지. 치코 멘데스와 동료들은 나무를 지키기로 했어. 전기톱 앞에서 맨몸으로 나무를 끌어안았지. 치코 멘데스와 동료들은 아마존에서 일하는 모든 고무 노동자를 하나로 모아, 노동조합을 만들고, 숲을 지켜나갔어. 브라질뿐 아니라 세계 여러 나라에서 치코 멘데스의 활동을 지지했어. 그럴수록 숲을 소유한 자본가들은 치코 멘데스를 못마땅하게 생각했고, 결국 그를 살해했단다. 하지만 자본가들의 계산과 달리 치코 멘데스가 죽자, 아마존 밀림을 지키자는 환경 운동은 전 세계로 퍼져 나갔어.

물론 모든 환경 운동이 이렇게 목숨을 걸 정도로 위험한 것은 아니란다. 누구나 자연의 소중함을 느끼고, 내가 사는 환경을 지키려는 마음이 있다면 환경 운동가가 될 수 있어. 아마존 밀림을 지키는 것도 환경 운동이고, 일회용 종이컵을 쓰지 않는 것도 환경 운동이니까 말이야. 계속해서 환경을 지키려는 열정과 때로는 잘못된 일에 대해 당당히 말할 수 있는 용기가 있다면 더 좋겠지?

미래의 직업을 정했어요.
멋진 환경 운동가가 되는 거예요.

정말 멋진 생각이구나. 하지만 환경 운동가가 되려고 어른이 될 때까지 기다릴 필요는 없단다. 어린이도 멋진 환경 운동가가 될 수 있으니까 말이야. 생활 속에서 할 수 있는 일도 많이 있거든. 종이를 아껴 쓰기, 쓰레기를 함부로 버리지 않기, 안 쓰는 전기 코드를 뽑기. 이런 것들을 잘 실천한다면 그게 바로 환경 운동이지. 그리고 나에게서 끝나지 않고, 가족과 친구까지 함께하도록 한다면 더 좋을 거야.

작은 관심과 실천에서 시작해서 점점 더 세상을 건강하게 바꿔가는 작은 영웅들을 소개해 줄게. 어린 환경 운동가들의 이야기를 들어 보면, 친구들도 당장 시작해 볼 수 있을 거야.

미국의 로드아일랜드에 사는 '알렉스 린'이란 소년은 열한 살 때 신문에서 전자 제품을 함부로 버리면 환경에 큰 위험이 될 수 있다는 걸 보았어. 전자 제품에 든 위험한 중금속이 땅이나 물속에 들어가면 자연이 오염되고, 그것이 다시 사람에게 돌아오니까 말이야.

알렉스는 친구들과 함께 컴퓨터나 휴대전화 안에 어떤 화학물질이 들었는지, 올바르게 버리는 법은 없는지 알아보았어. 그리고 동네 신문에

마구 버려지는 사무기기

안 쓰는 전자 제품을 학교 주차장으로 가져와 달라고 광고를 냈어.

알렉스와 친구들은 전자 제품을 안전하게 버리는 것도 중요하지만, 다시 사용할 수 있게 만드는 게 더 좋다는 생각을 했어. 그래서 사람들이 버린 컴퓨터를 다시 고쳐서 컴퓨터가 필요하지만 살 수 없는 사람들에게 나눠 주었지.

알렉스와 친구들의 활동은 전자 제품을 함부로 버리지 못하게 하는 'e-폐기물 안전처리법'을 만드는 데 큰 역할을 했어. 지금은 전 세계에 자신들의 활동을 소개하고 있단다.

작은 관심에서 시작된 한 소년의 노력이 한 마을을 바꾸고, 새로운 법을 만들고, 다른 나라에까지 영향을 주었단다. 멋진 환경 운동가가 되고 싶다는 꿈은 환경에 대한 작은 관심과 실천에서부터 시작된다는 걸 잊지 말자꾸나.

수염왕의 환경 노트

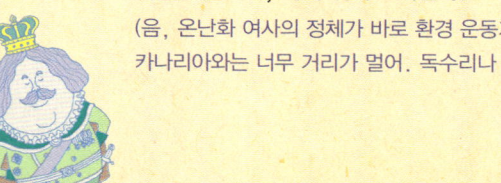

환경 운동가는 광산의 카나리아와 같다. 카나리아는 광산 안에 산소가 부족해지면 위험을 알려 준다. 환경 운동가는 지구와 인간에게 닥친 위험을 알리고, 막기 위해 노력한다.

(음, 온난화 여사의 정체가 바로 환경 운동가였어. 그런데 카나리아와는 너무 거리가 멀어. 독수리나 매라고 하면 딱 맞겠군.)

잠깐노트

더 알고 싶은
환경 운동가·환경 단체

★ 레이첼 카슨

레이첼 카슨은 현대 환경 운동의 어머니라고 불리고 있어. 미국에서 태어났고, 해양 생물학자였어. 레이첼 카슨은 어렸을 때부터 자연에 관심이 많았단다. 바다를 연구하면서 많은 보고서를 읽다가 DDT라는 살충제가 얼마나 위험한지 알게 되었어. 농작물과 산림의 해충을 없애려고 뿌리는 살충제가 자연과 인간을 파괴할 거라는 생각이 들었지. 레이첼 카슨은 4년 동안 자료를 수집하고, 화학약품의 위험을 알리는 《침묵의 봄》이란 책을 펴냈어. 그 속에는 계속해서 위험한 살충제를 쓴다면, 꽃이 피지 않고, 새가 울지 않는 봄이 올 거라는 경고를 담았어. 사람들은 레이첼을 통해, 인간이 자연을 파괴할 수 있고, 인간 또한 위험해질 수 있다는 걸 깨달았어.

레이첼 카슨의 노력 덕분에 미국 환경보호국이 설립되었고, 많은 사람이 환경에 대해 생각해 보게 되었단다.

★ 왕가리 마타이

왕가리 마타이는 나무들의 어머니라고 불리고 있어. 왕가리 마타이가 태어난 곳은 아프리카 케냐야. 1970년대 케냐는 개발 때문에 많은 나무를 베어냈어. 정치가와 사업가들은 케냐의 자연환경에는 관심을 두지 않았고, 오로지 나무로 돈을 벌 궁리만 했지. 왕가리 마타이는 학교와 농가 주변부터 나무를 심자고 주장했어. 한 그루의 나무를 심는 것부터 시작해야 한다고 생각했기 때문이야. 그녀가 중심이 되어 아프리카에 그린벨트 운동이 퍼져 나갔어. 왕가리 마타이는 2004년 노벨 평화상을 받았단다.

★ 최열

한국의 환경 운동을 이끈 대표적인 환경 운동가야. 1982년에 한국공해문제연구소를 설립했고, 1993년에는 환경운동연합을 만들어 우리나라의 환경 문제를 사람들에게 널리 알리는 역할을 했어. 그런 일들을 인정받아 녹색 노벨상이라고 부르는 '골드만 환경상'

을 수상했단다.

지금 환경운동연합은 나무 심기나 합성세제 안 쓰기 같은 실천할 수 있는 환경 운동을 벌이고 있어. 또 아시아 전체의 환경에도 관심을 기울이고 몽골과 캄보디아 같은 곳에서 우물을 파 주는 운동도 하고 있단다.

★ 그린피스

프랑스의 핵 실험을 반대하는 사람들이 모여서 만든 단체야. 1971년 프랑스가 암치카 섬에서 핵실험을 하겠다고 했어. 그러자 열두 명의 사람이 그린피스라고 새긴 돛을 배에 달고, 핵실험을 막기 위해 암치카 섬으로 갔지. 그래서 그린피스라는 이름을 붙이게 되었단다. 그린피스는 지금 국제환경단체로 핵과 전쟁 반대, 유전자조작 식품 반대, 고래잡이 반대 등의 다양한 환경보호 운동을 펼치고 있어.

본부는 네덜란드 암스테르담에 있고, 40개국이 회원국으로 등록해서 활동하고 있단다.

★ 세계자연보호기금

　1961년, 스위스에서 시작된 환경보호단체야. 야생동물과 자연 그대로의 환경을 지키기 위해 노력하고 있어. 지구온난화, 환경 오염 문제에도 관심을 두고, 광고나 캠페인을 통해 많은 사람에게 자연의 소중함을 알리고 있지. 90여 개 나라에서 500만이 넘는 회원들이 활동하고 있단다.

★ 녹색연합

　1994년, 한국에서 설립된 환경 단체야. 녹색연합은 개발 때문에 오염되는 우리나라의 강과 산·갯벌 같은 자연을 지키고, 멸종 위기의 야생동물을 보호하는 운동을 하고 있어. 최근에는 낙동강에 생긴 녹조 현상을 시민들에게 알리고, 정부에 강 오염을 해결해 달라고 요구하고 있단다. 또 곰을 사육해서 웅담을 채취하는 것을 막으려고 시민들과 함께 모금 운동을 펼치고 있어.

　수염왕이 온난화 여사가 내민 종이를 받아 들고, 입을 딱 벌렸어.

　성실해는 그다음 터져 나올 수염왕의 괴성을 떠올리며 두 손으로 귀를 막고, 슬그머니 자리를 피했어.

　수염왕은 종이에 적힌 100가지를 읽어 내려갔어.

　"1. 공장이 건설되면 물이 오염된다. 2. 산이 깎여서 홍수가 일어날 수 있다. 3. 마을 주민들이 살 곳을 잃는다. 4. 산속에 살던 동박새의 집이 없어진다. 기타 등등."

　수염왕은 다 읽지도 않은 채, 종이를 구겨 쥐었어.

　"도대체 이 말도 안 되는 종이 쪼가리는 누가 만든 거야, 엉?"

　수염왕의 목소리가 갈라졌어. 구겨진 종이를 쥔 손이 부들부들 떨렸어.

"말해 보시지. 어제는 내 집에 나타나 수상쩍은 음식을 먹이고, 오늘은 회사에 쳐들어와서 이런 말도 안 되는 종이 쪼가리를 들이대는 이유가 뭔지."

온난화 여사는 사장실을 한 번 휙 둘러보더니, 가운데 놓인 손님용 소파로 가서 앉았어. 그리고 맞은편을 가리키며 말했어.

"여기 앉아서 천천히 이야기하지요. 화를 내는 건 건강에 좋지 않습니다."

온난화 여사가 빙글거리며 말하자, 수염왕의 기분은 더욱 나빠졌어. 하지만 어금니를 꽉 깨물며 속으로 되뇌었지.

'이번엔 절대로 밀리지 않겠어! 어제는 갑작스럽게 당했지만.'

수염왕은 온난화 여사의 맞은편에 앉았어. 멋있게 다리도 척 꼬려고 했지만, 다리가 짧아 주르륵 미끄러졌어.

"흠흠, 좋아. 난 바쁜 몸이지만, 특별히 시간을 내주지. 그럼 먼저 당신 정체부터 말해 봐."

"내 정체요? 당신 같은 환경 파괴자를 혼내 주는 정의의 환경지킴이쯤으로 해 두죠."

"내가 환경 파괴자라고? 난 나쁜 편, 당신은 착한 편이라 이거야? 좋아. 그건 나중에 따지기로 하지. 난 지금 더 급한 일이 있으

니까. 어제 당신이 만든 수상한 음식에다 뭘 넣었지?"

"수상한 음식이 아닙니다. 그건 오염된 몸을 살리는 착한 먹거리입니다."

수염왕은 콧방귀를 꼈어.

"흥, 착한 먹거리? 그걸 먹고 내 소중한 세바스찬이 앓아누웠단 말이야!"

"이때껏 개미 한 마리도 내가 만든 음식을 먹고 탈이 난 적이 없습니다. 이제 쓸데없는 질문은 그만."

온난화 여사는 한 뭉치의 서류를 꺼내 탁자 위에 쿵, 내려놓았어.

"본격적으로 공장 건설에 관해 이야기합시다. 당신네 회사에서 꼬불꼬불면 생산을 늘리려고 제2공장을 짓는다는데, 사실입니까?"

"그래."

수염왕은 온난화 여사의 기세에 눌려, 따지려던 말을 꿀꺽 삼켜 버렸어. 그리고 세바스찬 문제는 잠시 잊은 채, 자기 자랑을 늘어놓았지.

"내가 만든 꼬불꼬불면으로 말하자면, 최고의 음식이지. 탱탱한

면발, 감칠맛 나는 국물. 꼬불꼬불나라 국민이라면 갓난아기부터 100살 노인까지 안 먹어 본 사람이 없을 거야! 난 제2공장을 건설해서 온 국민이 하루 세 끼 꼬불꼬불면을 먹게 할 거야!"

온난화 여사는 서류 뭉치에서 지도가 그려진 장을 쫙 펴서 수염왕 앞에 밀어주었어. 손가락으로 지도의 한 부분을 콕 짚었지.

"그 공장이 들어설 곳은 여기, 꼬불꼬불 강의 상류예요. 이 마을의 수원지가 있는 곳이죠. 만약 공장이 들어서면 마을 사람들이 마시는 물이 오염될 겁니다."

"수원지가 뭐야? 유원지 비슷한 건가? 그리고 물은 정수기로 걸러 먹으면 될 것 아니야. 내 돈으로 산 내 땅에 공장을 짓겠다는데 당신들이 무슨 상관이야?"

"어쩌면 그렇게 무식한 말을 아무렇지도 않게 할 수 있습니까? 수원지는 식수로 사용할 물을 모아 두는 곳입니다. 수원지 물이 오염되면, 마을 사람들의 생명까지 위험해질 수 있다고요. 당장 그 공장 건설 계획을 중지하십시오!"

"아, 아니! 무식이라고?"

수염왕은 뒷목을 움켜잡았어.

그때 성실해가 노크도 없이 문을 열고 뛰어 들어왔어.

"사장님, 세바스찬이, 세바스찬이……."

"세바스찬이 어떻게 됐다고? 얼른 말해 봐."

수염왕은 얼굴이 하얗게 변했어.

"병원에서 전화가 왔어요. 세바스찬의 상태가 너무 안 좋아졌대요. 지금 곧 오셔야 할 것 같다고."

수염왕은 소파에서 일어섰어. 다리가 후들거렸지. 한 발짝도 떼지 못하고, 두 팔만 허우적거렸어.

"날 잡아요. 내가 병원까지 데려다 주죠."

온난화 여사는 수염왕의 팔을 잡고 걸음을 옮겼어.

병원으로 가는 차 안에서 수염왕은 찔끔찔끔 눈물을 흘렸어. 자기가 왕 자리에서 쫓겨나 오갈 데가 없을 때 세바스찬만이 옆에 있어 주었다는 둥, 내 유일한 친구라는 둥, 그동안 잘해 주지도 못하고 구박만 너무했다는 둥 후회도 하면서 말이야. 그런 수염왕을 보며 온난화 여사의 눈빛이 조금 부드러워졌어.

병원에 도착해 보니, 세바스찬은 입에 하얀 거품을 물고, 거친 숨을 몰아쉬고 있었어. 의사가 고개를 절레절레 흔들었어.

"단순히 음식 탓이 아닌 것 같아요. 아무래도 독극물을 먹은 듯

합니다."

"아이고, 세바스찬."

수염왕은 세바스찬을 부르며 바닥에 주저앉았어.

의사가 수염왕의 어깨를 다독이며 다시 물었어.

"어제 먹은 게 무엇인지 다시 자세히 말씀해 주시겠어요? 원인을 알아야 치료제를 구해 볼 수 있어요. 워낙 나이가 많아 회복할 수 있을지는 모르겠지만요."

수염왕은 눈물, 콧물을 찔끔거리며 온난화 여사를 노려보았어.

"어제 먹은 거라고는 이 여자가 만든 이상한 음식밖에 없는데······."

온난화 여사는 이마를 찡그리며 마치 탐정처럼 수염왕에게 질문을 던졌어.

"어제 아침에 산책을 다녀왔죠? 그때 밖에서 먹은 건 없나요?"

"밖에서 사 먹은 건 없지. 강변에 갔다가 너무 더워서 그냥 돌아왔거든. 아! 세바스찬이 목이 말라서 그랬는지 강물을 할짝거리고 있었어. 내가 더럽다며 혼을 냈고."

온난화 여사의 두 눈이 반짝 빛나는 듯했어. 뭔가 짚이는 곳이 있다는 듯 고개도 끄덕였지.

"그거예요. 난 어딜 좀 다녀올 테니, 집에 돌아가서 꼼짝 말고 기다려요!"

그러고는 밖으로 뛰어나가더니 눈 깜짝할 사이에 사라졌단다.

온난화 여사가 말한 착한 먹거리란 무엇인가요?
음식에도 착하고, 나쁜 것이 있나요?

　온난화 여사가 수염왕에게 만들어 준 음식이 무엇이었는지 기억나니? 옆 마을에서 가져온 유기농 배추로 만든 겉절이, 친환경 농법으로 지은 산딸기 샐러드였어. 그런데 소고기 반찬이 없다고 수염왕은 먹지를 않았지. 온난화 여사가 자신이 만든 음식을 착한 먹거리라고 한 이유는 바로 환경을 지키고 인간을 지키는 음식이기 때문이야.

　세계 인구는 약 70억, 200년 전보다 5배나 늘어났어. 이 많은 인구가 먹고 살려면 많은 식량이 필요하겠지? 사람들은 그동안 어떻게 하면 더 많은 농작물을 얻을 수 있을까 고민했어. 그러다 여러 가지 방법을 찾아냈단다.

　농작물에 피해를 주는 해충을 없애는 농약, 농작물을 쑥 자라게 할 화학비료를 만들었어. 또 해충에 강하고, 열매를 많이 맺는 새로운 품종을 개발했지. 넓은 땅에 새로운 품종의 식물을 가득 심고, 농약과 화학비료를 뿌려 키우자 식량은 늘어났어.

　하지만 그 피해도 만만치 않았지. 해충이 점점 농약에 익숙해져서, 계속 더 강한 농약을 뿌려야 했어. 또 화학비료 때문에 농작물이 아닌 풀들

도 쑥쑥 자라났지. 그 풀을 없애기 위해 다시 제초제를 뿌려야 했어. 넓은 땅에 한 가지 종류의 농작물만 키우는 건 어떻게 보면 모험이라고 볼 수 있어. 농사가 잘되면 수확량도 많아지겠지만, 만약 병충해라도 입는다면, 한꺼번에 농사를 망치게 되니까 말이야.

옛날 우리 농촌에서 짓던 농사는 달랐어. 작은 밭 하나에 여러 가지 씨앗을 골고루 심었지. 고추와 들깨를 같이 심으면 들깨 냄새가 싫어서 고추 먹는 담배나방이 오지 않는대. 땅에서 영양분을 많이 빨아들이는 옥수수밭에는 콩을 같이 심지. 콩은 스스로 비료를 만들어 내는 힘이 있거든. 토마토와 대파도 좋은 짝이야. 대파 향이 해충을 물리치니까. 이러면 농약을 치지 않고도 해충을 쫓을 수 있어.

또 화학비료 대신 가축의 똥이나 음식 찌꺼기를 발효시켜 거름으로 주었어. 그리고 여러 가지 농작물을 심어 놓으면, 그중 하나가 잘되지 않아도 나머지 작물이 있으니까 걱정이 없단다.

이제 어떤 채소를 먹어야 할지 고민해 보자.

요즘 마트에 가면 세계 여러 나라에서 온 농산물을 볼 수 있어. 칠레에서 온 포도, 미국에서 온 자몽과 오렌지, 중국에서 온 브로콜리와 양배추 등. 그런 나라들이 바로 가까이에 있는 것처럼 느껴지지. 하지만 실제로 그 농작물이 자란 곳은 우리나라에서 아주 멀리 떨어져 있지.

마당의 아기자기한 텃밭

그런데 그렇게 멀리서 오는 과일이나 채소가 이렇게 신선할 수 있을까 하는 의문도 함께 들어. 기르면서 농약을 많이 치지는 않았을까, 배나 비행기로 실어 오는 동안 상하지 않게 약품을 처리한 건 아닐까 하면서 말이야.

또 멀리서 가져오는 만큼 교통수단에 쓰이는 연료도 많이 들어가겠지. 그만큼 이산화탄소가 많이 나와서 지구 기온을 높일 거야.

만약 내가 사는 마을이나, 그 근처에서 가져오는 농작물을 먹게 된다면 그런 걱정이 없을 거야. 누가 어떤 방법으로 농사지었는지 알고 먹으면 더욱 좋겠지. 가져오는 거리가 짧으니 약품 처리를 했을까 봐 걱정할 필요도 없고, 농산물을 차로 이동하는 거리도 짧으니까, 이산화탄소 배출량도 줄어들 거야.

스스로 채소를 길러 먹어 보는 건 어떨까? 요즘은 작은 텃밭을 가꾸는 사람들이 늘어났어. 아파트 베란다나 주택의 옥상을 이용해서 텃밭을 만들 수도 있고, 여러 사람이 조금씩 땅을 나눠서 밭을 일구는 주말농장을 이용할 수도 있어.

수염왕의 환경 노트

농작물 생산량을 늘리려고 사용하는 농약과 화학비료가 땅을 죽어 가게 한다. 또 농작물을 기르는 농민과 그것을 먹는 사람들도 병들게 한다. 내 고장에서 난 농산물, 못생기고 벌레 먹어도 농약 없이 지은 깨끗한 농산물을 먹을 때 지구도 살아난다.

(내가 왕이었을 때는 칠레 포도, 미국 체리 같은 건 나만 먹을 수 있었다고! 내가 백성들에게 아무거나 함부로 못 먹게 한 깊은 뜻을 이제 알겠지? 농약 팍팍 친 거, 내가 다 먹었으니 고마운 줄 알라고!)

잠깐노트

유전자 조작 식품, 과연 안전할까?

한 농부가 밭에 콩을 심었어. 콩밭에 풀이 자라자, 제초제를 뿌렸지. 그런데 제초제 때문에 콩까지 죽고 말았어. 콩은 죽이지 않고, 풀만 없앨 수 없을까? 제초제를 뿌려도 죽지 않는 콩이 있으면 좋을 텐데. 그런 콩이 정말로 만들어졌단다. 바로 유전자 조작 콩이지.

모든 생물은 유전자를 가지고 있어. 그 유전자 속에 다른 생물의 유전자를 끼워 넣거나 원래의 유전자를 바꿔서 새롭게 만드는 것을 유전자 조작이라고 해. 농작물의 크기를 크게 하거나, 해충이나 농약에 잘 견디도록 하는 거지.

유전자 조작 콩에는 제초제를 뿌려도 죽지 않는 유전자가 들어가 있어. 1996년 몬산토라는 회사가 만든 유전자 조작 콩이 재배되었어. 그 뒤 미국의 50%가 넘는 농장에서 유전자 조작 콩을 심

고 있지.

몬산토 회사에서 나온 유전자 조작 콩은 그 회사의 제초제만 견디도록 만들었어. 그래서 회사는 콩 종자와 함께 제초제까지 팔아서 많은 이익을 남길 수 있게 되었단다.

우리나라도 유전자 조작 콩이나 옥수수 같은 작물을 많이 수입하고 있어. 2012년 한 해 동안 총 784만 톤이 수입되었는데, 그중 일부는 식품에 쓰이고, 나머지는 소나 돼지의 사료로 쓰였어.

콩이나 옥수수가 들어가는 식품에는 옥수수기름, 두유, 된장, 간장, 물엿, 두부, 빵, 팝콘 등 많은 종류가 있어. 우리나라는 식품에 들어가는 5가지 원재료에만 성분을 표시하게 되어 있어. 그래서 어떤 식품에 유전자 조작 성분이 들어있는지 정확히 알 수 없단다.

유전자 조작 식품이 인간에게 어떤 영행을 끼칠지는 아직 정확하게 밝혀지지 않았어. 이런 식품을 계속 먹었을 때 어떤 질병에 걸릴지 알 수 없어 불안하단다. 안전하다고 주장하는 회사의 말만 믿을 게 아니라, 계속해서 우리가 먹는 식품에 관심을 가져야 할 거야.

　온난화 여사가 바람처럼 사라진 뒤에 수염왕은 세바스찬 곁에 앉아 있다가, 저녁때쯤 집으로 돌아왔어. 의사가 수염왕도 쓰러질 것 같다며, 집에서 쉬었다가 오라고 등을 떠밀었거든.

　아무도 없는 집 안으로 들어가자, 외로움이 밀려왔어. 수염왕은 창문을 활짝 활짝 열어젖혔어. 그러면 혼자 있다는 생각이 좀 덜 할 것 같았거든. 훅 하고, 물기 많은 바람이 들어왔어.

　"비가 오려나? 뉴스에서 장마가 온다고 하던데. 작년보다 장마가 더 일찍 오는 것 같아. 날씨가 제멋대로군. 꼭 누구처럼."

　수염왕은 다시 창문을 닫았어. 조금 더 힘이 세진 바람이 덜컹덜컹 창문을 흔들었지.

　"아, 후덥지근하다."

　수염왕은 에어컨을 켜려다가 잠깐 멈칫했어.

"아, 온난환지 열대얀지 하는 여자 때문에 에어컨도 맘대로 못 켜겠네."

수염왕은 서랍을 뒤져 오래전에 쑤셔 박아 둔 부채를 꺼냈어. 부채 바람이 살랑거리는 게 기분이 괜찮았어.

혼자 있으려니 왠지 무서워, 텔레비전도 켰지.

그러는 사이에 밖은 점점 어두워지고, 세찬 바람이 그치는가 싶더니, 곧 비가 쏟아졌어. 후드득후드득 하며 빗방울이 창문을 두드려댔지. 수염왕은 텔레비전 소리를 조금 더 크게 했어.

한참 동안 텔레비전 화면을 멍하니 보고 있는데, 쾅쾅 하는 소리가 들렸지. 처음엔 비바람에 문이 덜컹거리는 건가 했어. 하지만 텔레비전 소리를 줄이고 귀를 기울여 보니, 누군가 수염왕 집 문을 두드리는 소리였어.

"대체 이렇게 늦은 시간에, 누가 예의 없이 찾아온 거야?"

수염왕은 짜증스러운 얼굴로 문을 벌컥 열었어.

"헉, 누구요, 당신들은?"

문밖에는 검은 우비를 입은 두 사람이 서 있었어. 수염왕은 한 걸음 뒤로 물러섰지. 검은 우비 사이로 번쩍이는 눈빛이 보였어.

"뭐야, 또 당신이군. 온난화 여사. 이렇게 궂은 날에 왜 온 거

야? 나 심장마비 걸려서 죽게 할 셈이야?"

온난화 여사는 우비에 달린 모자를 벗으며 현관 안으로 들어섰어. 같이 온 사람은 수염왕의 회사에 피켓을 들고 왔던 고슴도치 머리였어.

"얼른 준비하십시오. 함께 갈 데가 있습니다."

"비가 이렇게 쏟아지는데 어디를 가자는 거야?"

"세바스찬이 왜 아픈지 이유를 알고 싶지 않습니까? 오늘 밤 비밀을 밝힐 겁니다."

세바스찬이라는 말에 수염왕은 허둥지둥 외출을 준비했어.

"누가 세바스찬을 그렇게 만들었는지 꼭 밝혀내고 말 테다. 그런데 범인을 잡으러 간다고 하니까 왠지 내가 형사라도 된 것 같잖아. 보자, 형사같이 보이려면 무얼 입어야 하려나? 옳지, 이 가죽점퍼가 좋겠군. 가죽 장갑에, 선글라스까지 끼면…… 음, 완벽해."

수염왕은 검은 가죽으로 온몸을 감싸고 나왔어.

"잠깐!"

온난화 여사가 한 손을 들며 수염왕을 멈춰 세웠어.

"이 점퍼, 뭐로 만든 겁니까?"

"진짜 양가죽으로 만든 거야. 정말 부드러워. 한번 만져 봐. 봄에 산 건데, 몇 번 못 입어서 정말 안타까웠거든."

"당장 벗으세요. 난 이런 옷 절대 못 봐 줍니다. 가죽점퍼 한 벌을 만들 때마다 얼마나 많은 동물이 죽는지 압니까? 이 일이 끝나면 옷장도 검사해야겠군요."

"아니, 내 맘대로 옷 입을 자유도 없나? 꼬불꼬불나라는 자유민주공화국이라고."

"길게 말할 시간 없습니다. 당장 벗고 이 우비로 갈아입으세요."

수염왕은 온난화 여사의 단호한 말투에 더 대꾸를 못 했어. 그냥 입을 쑥 내민 채, 가죽점퍼를 벗고, 검은 우비를 뒤집어썼지.

비가 얼마나 쏟아지는지, 말 그대로 하늘에 구멍이 뚫린 것 같았어. 세 사람은 한 줄로 서서 걸어갔어. 온난화 여사가 제일 앞에서 걸었고, 수염왕은 그 뒤에 바짝 붙어서 걸었지.

늦은 시간에 비까지 내리니, 거리에는 사람이 없었어. 이따금 자동차만 헤드라이트를 밝힌 채 달려갈 뿐이었어.

수염왕은 심장이 벌렁거렸어. 왠지 굉장한 모험을 하는 것 같았

거든.

"어딜 가는 거야? 말이라도 해 줘야 할 것 아니야."

온난화 여사의 등을 쿡쿡 찌르며 물어보았지만, 아무런 대답이 없었어.

세 사람은 주택이 있는 거리를 벗어나, 공장 지대 쪽으로 걸어갔어. 드문드문 가로등이 세워져 있고, 발밑에는 풀이 자라나 있었지.

이미 일하던 사람들은 모두 돌아갔고, 기계들도 멈춰 있었어. 조용한 거리에 빗소리와 세 사람의 발걸음 소리만 들렸어. 수염왕은 오싹한 기분이 들어 온난화 여사의 등 뒤에 바짝 붙어 섰지.

갑자기 온난화 여사가 한 건물 모퉁이에 멈춰 섰어. 그러고는 뒤를 돌아보며, 손으로 자리에 앉으라고 신호했지. 수염왕과 청년은 재빨리 그 자리에 쪼그리고 앉았어. 온난화 여사는 손가락으로 희미한 불빛이 새어나오는 한 공장을 가리키며 낮은 목소리로 말했어.

"저 공장에서 폐수를 버린다는 정보가 있어요. 분명히 오늘같이 비 오는 날, 일을 벌일 겁니다. 이탄소 군, 카메라 잘 챙겨 왔죠?"

고슴도치 머리의 이름이 이탄소였어. 이탄소 군이 말없이 고개

를 끄덕였어.

 수염왕은 지금 온난화 여사가 무슨 말을 하는 건지 알아들을 수가 없었어. 비 오는 밤에 왜 여길 왔으며, 도대체 저 공장에서 무엇을 내다 버린다는 건지 말이야.

 세 사람은 공장 근처에 나무판자를 쌓아두는 곳으로 자리를 옮겼어. 얼기설기 쌓여 있는 널빤지가 지붕 같아서 그 아래에 옹기종기 모여 앉았어.

 자리를 잡고 앉자, 이탄소 군이 수염왕에게 상황을 설명해 주었어.

 "수염왕 사장님, 여기는 자동차 부품을 만드는 공장입니다. 여기서 독성 물질이 많은 폐수를 강에 그냥 버린다는 증거를 잡으려고 온 거예요."

 "그럼, 이 공장에서 버린 폐수를 먹고 세바스찬이 병에 걸렸다는 말이야?"

 "네, 저희 생각엔 그래요. 원래 공장에서는 폐수 처리 시설을 거친 다음 물을 버려야 합니다. 공장에서 사용하는 물에는 중금속 같은 위험 물질이 들어 있으니까요. 하지만 시설을 갖추려면 돈이 많이 들어요. 그래서 강에 몰래 폐수를 버리는 일이 종종 있습니다."

"이런 고얀 것들이! 내가 당장 잡아 올 테다!"

수염왕이 벌떡 일어서려 하자, 온난화 여사가 어깨를 탁 눌렀어.

"쉿, 괜히 일 망치지 말고, 조용히 앉아 있어요."

수염왕은 머쓱해져서, 들었던 엉덩이를 다시 내려놓았어.

세 사람은 말없이 빗줄기 사이로 공장만 뚫어져라 노려보았지. 가만히 앉아 있으려니 수염왕은 좀이 쑤셨어. 엉덩이가 자꾸만 들썩거려졌지. 그럴 때마다 온난화 여사가 째려보는 바람에 조용해졌지만 말이야. 잠시 가만히 있던 수염왕이 물었어.

"이봐, 대체 왜 이런 일을 하는 거야? 환경 운동한다고 큰돈 버는 것도 아닌 것 같은데 말이야."

"돈 때문에 하는 일 아닙니다."

"그럼 왜 하는 거야? 에어컨도 못 켜, 가죽옷도 못 입어, 고기도 못 먹어, 이렇게 비도 잔뜩 맞아. 뭐 하나 좋은 게 없잖아."

수염왕은 손가락을 하나씩 꼽아가며 말했어.

"정말 궁금합니까?"

"그래그래, 정말 궁금해."

수염왕은 몇 번이고 고개를 끄덕였어.

수염왕이 이번엔 가죽점퍼 때문에 혼이 났군요.
가죽점퍼와 환경은 무슨 관계가 있나요?

한 여자 가수가 모피를 입지 말자고 말하는 것을 들었어. 자기도 한 때는 멋있는 줄 알고 입었지만, 동물은 입는 것보다 사랑으로 안아주는 게 더 따뜻하다고 말하더구나. 그때 그 말을 듣고 무척 부끄러웠던 기억이 있어. 동물 가죽으로 만든 가방을 사면서 좋아했던 게 생각나서 말이야. 또 겨울이면 동물의 털로 만든 옷을 입고 부드럽고 따뜻하다고 느꼈거든.

사람들은 토끼, 밍크, 너구리, 담비, 여우 같은 동물의 털을 이용해서 옷이나 목도리를 만들지. 이 때문에 1년에 죽는 동물이 약 5000만 마리쯤 된다는구나. 모피로 만든 옷은 부드러워야 해서 주로 몸집이 작은 동물을 이용해. 그래서 밍크코트 한 벌을 만들려면 100~200마리의 밍크가 필요해. 게다가 옷을 더 부드럽게 하려고 산 채로 가죽을 벗겨. 또 야생에서 잡는 것으로는 모자라서, 모피로 쓰려고 사육하기도 해. 그런 곳에서는 동물이 비좁은 우리에 갇혀 살아야 한단다.

거북이, 표범, 뱀, 캥거루 같은 동물은 가죽 제품을 만들기 위해 1년이면 6억 마리 정도가 죽임을 당한다는구나.

아름다운 것을 가지려는 인간의 욕심 때문에 멸종 위기에 처한 동물도 많고, 아예 사라진 동물들도 있단다.

　뉴질랜드에 불혹주머니찌르레기라는 새가 살았어. 한때 이 새의 깃털을 모자에 꽂는 것이 유행이었지. 사람들은 새를 너무 많이 사냥했고, 결국 이 새는 멸종했어.

　코끼리는 상아 때문에 멸종 위기에 처했어. 사람들은 상아로 만든 도장, 상아로 만든 가방 손잡이 등을 갖고 싶어 했고, 사냥꾼들은 코끼리를 마구 잡았지. 요즘은 상아 없이 태어나는 코끼리도 있다는데 인간의 손에서 벗어나 살아남기 위해 그런 것이 아닐까?

　아름다운 것, 신기한 것을 가지려는 욕심 때문에 다른 동물들을 괴롭힐 권리가 인간에게 있는지 한 번쯤 생각해 보았으면 해.

 사냥 때문에 동물들이 사라진다고 생각하니 마음이 아파요. 그런데 북극곰은 빙하가 녹아서 살 곳이 없어진다고 하던데요.

그래, 뿔이나 가죽을 탐내는 사람들 때문에 사라지는 동물들도 있고, 살 곳을 잃어서 사라지는 동물들도 있단다.

한때 우리나라에도 표범이 살았다는 것을 아니? 몇십 년 전, 일제강점기 때 표범을 1,092마리 잡았다는 기록이 있어. 표범 가죽이 탐나서 사냥한 거지. 그런데 그 뒤에 전쟁이 일어나면서 많은 숲이 불탔어. 전쟁이 끝난 뒤에는 개발 때문에 또 숲이 사라져갔지. 그러자 살 곳을 잃은 표범은 서서히 모습을 감췄어. 지금 표범은 러시아와 중국에 있는 일부 숲에서 겨우 50마리 정도만이 살고 있다고 해. 표범뿐 아니라 호랑이, 늑대 같은 동물도 우리나라에서는 이제 볼 수 없어.

숲은 동물의 집이야. 그런데 사람들은 농사를 짓는다고, 건물을 세운다고 숲을 파괴하지. 그러면 그 속에 사는 동물들은 갈 곳을 잃고, 멸종 위기에 처하게 돼.

특히 열대우림에는 전 세계 생물 중 절반 이상이 살고 있어. 그런데 열대우림 개발 때문에 하루에도 수십 종의 생물이 멸종한다는 소식이 들려와.

    기후 변화도 동물에게 큰 위협이 되고 있어. 빙하가 녹아서 해수면이 높아지자 북극곰이 살 수 있는 땅이 점점 좁아지고 있지. 북극곰은 바다 위에 떠 있는 얼음과 얼음 사이를 다니며 물개를 사냥해. 그런데 얼음이 자꾸 녹아 북극곰이 헤엄치다가 쉴 수 있는 곳이 사라지고 있어. 북극곰은 훨씬 먼 거리를 헤엄쳐야 하고, 그러다 보니 먹이를 사냥하기가 힘들어져. 그러다 보니 북극곰이 사람이 사는 마을로 내려와 쓰레기통을 뒤져서 먹을 것을 찾고, 심지어는 같은 북극곰의 새끼를 잡아먹는 일도 생겨나고 있단다.

수염왕의 환경 노트

아름다운 것을 가지려는 인간의 욕심 때문에 멸종하는 동물이 있다. 지구온난화 때문에, 개발 때문에 살 곳을 잃어서 멸종 위기에 처한 동물도 있다. 지구에는 인간만 사는 것이 아니다. 동물과 식물도 함께 살아갈 권리가 있다.

(난 모르고 입은 거야. 동물들이 가죽이나 모피 때문에 멸종 위기에 처한 줄 알았다면, 절대 입지 않았을 거라고. 내가 세바스찬을 돌보는 것만 봐도 알겠지? 난 동물을 너무너무 사랑하는 사람이야!)

비는 밤새 내릴 모양이야. 공장 안에서는 아직 아무런 움직임도 느껴지지 않았어.

온난화 여사는 공장 쪽에서 눈을 떼지 않은 채 천천히 자기 이야기를 시작했어. 온난화 여사의 목소리가 다른 때와 다르게 차분했단다.

"내가 태어난 곳은 고추마을이에요. 이름처럼 고추로 유명한 마을이죠. 우리 마을 고추는 맵고도 달아요. 마을 사람 대부분이 고추 농사를 지었어요. 봄이면 너른 밭에 나가 고추 모종을 심고, 쓰러지지 않도록 긴 나무 대에 묶어 주는 게 큰일이었죠. 나도 학교 마치면 밭일을 도와야 했어요.

힘들기도 했지만, 밭일이 끝나고 나면 근처 냇가에 가서 작은 물고기를 잡고 노는 게 재미있었어요. 동생과 내가 물고기를 잡으

면 아빠는 매운탕을 끓이시곤 했어요. 우리 마을에서 난 고추로 만든 고춧가루를 풀어 얼큰하게 끓인 매운탕은 무척 맛있었어요. 고추마을에선 어린애들도 고추 하나쯤은 뚝딱 먹을 수 있거든요."

고향 이야기를 하는 사이에 고추같이 맵던 눈빛이 부드러워지고, 입가에는 슬며시 미소가 떠올랐어. 수염왕은 그 순간만큼은 온난화 여사가 밉지 않았어.

"고추마을은 참 아름다웠어요. 마을이 야트막한 산으로 둘러싸였고, 계곡에서 흘러나오는 물은 어찌나 맑은지, 냇가 바닥의 돌이 다 들여다보일 정도였으니까요.

엄마, 아빠도 그 고향에서 나고 자란 분들이었어요. 젊었을 때는 도시에 나가 일했는데, 결혼하고 다시 돌아오셨대요. 고추마을만큼 아름다운 곳은 없다고 하셨어요. 그리고 우리도 자연 속에서 자라게 해 주고 싶었다고요.

그런데 엄마, 아빠의 바람은 이뤄지지 못했어요. 고추마을에 댐이 들어설 거라고 했거든요. 홍수나 가뭄을 막기 위해서 댐이 필요하다는 거예요. 댐이 들어서면 마을은 물에 잠기게 된다고 했어요. 고추마을 사람들은 모두 옆 마을로 이주하라고 했지요.

우리는 이해가 가지 않았어요. 그동안 홍수나 가뭄 때문에 크게

피해를 본 적이 없었거든요. 근처에 저수지도 여러 개 있어서, 비가 안 올 때면 그 저수지의 물을 끌어다가 썼어요.

 알고 보니, 마을 군수가 댐 건설을 하는 회사에서 돈을 받았다고 했어요. 아빠는 댐 반대 운동을 하셨어요. 아무리 나라에서 하는 일이라지만 받아들일 수 없다고 하셨어요. 평생 농사짓는 것밖에 모르는 분이셨는데."

"저런, 나쁜 군수가 있나. 그런 엉터리 댐을 짓도록 놔뒀단 말이야?"

 수염왕이 주먹을 꽉 쥐며 목소리를 높였어.

"물론 가만있지 않았죠. 아빠는 마을을 지키겠다고 했어요. 마을 사람들도 하나둘 댐 반대 운동에 참여했어요. 다른 마을에서도 힘을 보태 주었고요. 아빠는 마을로 들어오는 다리 입구에 천막을 치고, 공사하려는 차와 일꾼들이 들어오지 못하게 막았어요. 남자 어른들이 돌아가며 낮이나 밤이나 그 천막을 지켰죠.

 그런데 나라에서 이미 결정한 일이라 댐 공사를 되돌릴 수 없다고 했어요. 커다란 트럭과 포크레인이 밀고 들어왔죠. 마을 사람들도 지친

나머지 한 집, 두 집 보상금을 받고 떠나게 되었어요. 우리 가족은 맨 나중까지 떠나지 않고 있다가 어쩔 수 없이 나왔어요."

온난화 여사의 얼굴이 무척 쓸쓸해 보였어. 왠지 수염왕도 코끝이 찡했지.

"흠흠, 그 일 때문에 환경 운동인지 뭔지를 하게 된 거로군."

"뭐, 그 뒤로도 많은 일이 있었어요. 고향을 잃고 다른 곳에서 정 붙이고 사는 게 힘들었죠. 아빠는 공장에 취직하셨는데, 일할 때 나오는 가스 때문에 폐가 많이 안 좋아지셨어요. 공장 사장은 그런 직원들한테 아무런 보상도 해 주지 않았고요. 여기 이탄소 군의 아버지도 같은 공장에서 일하다 병을 얻었어요. 그런 일을 겪으면서 같이 환경 운동을 시작하게 된 거죠."

"거참, 나쁜 사장이구먼. 내가 사장으로 있는 왕수염 회사에서는 상상도 할 수 없는 일이지, 암."

수염왕은 온난화 여사와 이탄소 군이 들으라는 듯 크게 중얼거렸어.

"쉿! 저기 공장에서 누군가 나옵니다."

이탄소 군의 말에 세 사람은 바짝 굳은 표정으로 공장 쪽을 노려보았어. 이탄소 군은 옷 안에서 작은 카메라를 꺼내 들었어.

공장에서 나온 사람은 주위를 둘러보더니, 크게 팔을 휘둘러 신호를 보내는 것 같았어. 곧이어 철커덕하는 소리와 함께 무언가가 강물 위로 쏟아져 내리는 것 같았어. 그 소리는 빗소리와 강물이 흐르는 소리에 곧 묻혔지.

온난화 여사는 이탄소 군에게 조금 더 가까이 가서 촬영하자고 했어. 두 사람은 주변을 살피며 공장 쪽으로 더 다가갔어. 수염왕도 두 사람의 뒤에서 살금살금 걸었지. 다리가 후들거리고, 심장이 어찌나 빨리 뛰는지 터질 것만 같았어.

온난화 여사는 작은 통을 꺼내 강물을 담았어. 그 장면도 이탄소 군이 촬영했지.

"자, 이제 다 되었어요. 이 증거물을 수질 검사 연구소에 가져다 주도록 하죠."

온난화 여사가 가방 안에 물을 담은 통과 카메라를 챙겨 넣었어. 세 사람이 막 일어서는데, 등 뒤에서 소리가 들렸어.

"당신들, 뭐야!"

온난화 여사가 외쳤어.

"뛰어!"

세 사람은 달렸어. 온난화 여사와 이탄소 군은 발에 날개라도

달린 듯 어느새 저 앞으로 달려 나갔지. 수염왕은 두 사람을 냉큼 따라잡고 싶었어. 하지만 수염왕은 말이야, 살면서 지금처럼 미친 듯이 뛴 적이 없었어. 결국 자기 발에 자기가 걸려 넘어지고 말았단다.

수염왕은 꼼짝없이 두 남자에게 양팔을 붙잡혔어. 온난화 여사는 돌아보며 한숨을 푹 쉬더니, 이탄소 군에게 가방을 던져 주고 되돌아왔어.

"으아아!"

요란한 기합 소리와 함께 달려온 온난화 여사는 공중으로 휙 날아올라 수염왕을 잡고 있던 두 명의 남자를 차례대로 발차기로 쓰러뜨렸어.

검은 우비가 바람에 날리고, 희미한 가로등 불빛이 온난화 여사의 얼굴을 비췄지. 그때를 떠올리며 훗날, 수염왕은 이렇게 말했단다.

바로, 우정이 싹트는 순간이었다고!

온난화 여사의 가족이 댐 건설 때문에 고향을 떠난 것이 안타까워요. 댐은 꼭 필요한 것인가요?

온난화 여사가 환경 운동을 시작한 데는 그런 안타까운 사연이 있었구나. 사람이 살던 고향을 떠나는 것은 참 슬픈 일이지. 정든 장소, 마음을 나누던 이웃과 헤어져야 하니까 말이야. 물론 살다 보면 여러 가지 이유로 고향을 떠나기도 한단다. 친구들도 아마 집안 사정으로 이사를 하고, 전학을 가는 경우가 있을 거야. 또 취업이나 학교 때문에 다른 지방으로 떠날 때도 있어. 하지만 그런 경우와 달리 댐 건설 때문에 억지로 고향을 떠나야 하고, 자신이 살던 곳이 완전히 물에 잠겨 다시는 볼 수 없게 된다면 또 다른 슬픔이 느껴질 거야.

그럼, 댐은 왜 짓는 걸까? 현재 우리나라에는 크고 작은 댐과 저수지가 모두 1만 8000개(2007 국토해양부)가 있단다. 어떤 사람은 한국을 '댐의 나라'라고 부르기도 한단다. 댐 밀도가 세계 1위이기 때문이야.

댐은 강의 일부분을 막아 물을 모아둬. 그러면 비가 많이 올 때 강물이 넘쳐 홍수가 나는 것을 막아 주지. 그리고 비가 오지 않을 때면 댐 안에 고인 물을 내보내서 가뭄을 해결할 수도 있단다. 이렇게 보면 댐은 홍수나 가뭄을 막기 위해 꼭 필요한 것이지.

하지만 댐 때문에 입는 피해도 만만치 않단다.

댐을 만들면 물이 고여 있기 때문에 큰 호수가 생기는 셈이야. 그래서 댐 주변에는 안개가 많이 낀단다. 댐 주변에 사는 사람 중에는 기관지병을 앓는 사람이 많다고 해. 또 안개가 주변 기온을 변하게 해서, 농작물이 잘 자라지 않기도 해.

게다가 강물이 고여 있으면 오염되기가 쉬워. 댐 안에 있는 물은 정수 과정을 거쳐서 수돗물로 사용되기도 하는데, 만약 그 물이 오염된다면 큰일이겠지?

댐의 좋은 점과 나쁜 점을 알고 나니,
더 알쏭달쏭해졌어요.
댐을 지어야 하나요? 짓지 말아야 하나요?

우리나라에서는 앞으로도 댐을 더 건설할 계획이라고 해. 주변 지역에 식수를 공급하기 위해서, 공장에 필요한 산업용수를 대기 위해서, 홍수를 조절하기 위해서 등의 이유를 들고 있지.

하지만 환경 전문가들은 계속해서 댐을 짓는 것이 좋지 않다는 의견을 내고 있어. 기후가 예전과 달리 빠르게 변해서 비가 한꺼번에 많이 내리는 경우도 생겨. 그럴 때는 댐이 불어나는 강물을 막지 못하고 무너질 수도 있다는 거야. 댐으로 홍수나 가뭄을 조절하는 것이 큰 효과가 없다고 보는 거지.

그리고 댐 건설을 둘러싸고 정부와 주민 간에 갈등이 생기고 있어. 한 마을에서 사이좋게 살던 이웃끼리도 찬성하는 쪽과 반대하는 쪽으로 나뉘어 다투고 있지. 다른 곳으로 이주하면 보상비를 받아서 좋다는 사람도 있고, 살던 고향을 떠나기 싫어서 또 아름다운 자연을 지키고 싶어서 반대하는 사람도 있어.

유럽이나 다른 선진국에서는 댐 건설을 줄이고 있어. 댐을 허물고, 강을 자연 그대로의 모습으로 되돌리려고 노력하는 곳도 있지. 우리도 무조건 댐을 지어 홍수나 가뭄, 식수를 해결하기보다는 자연을 해치지 않는 다른 방법을 찾아보는 게 어떨까?

비 오는 밤에 폐수를 몰래 버리는 공장을 보니 화가 나요.
만약 그런 물을 마셨다고 생각하면
정말 온몸이 오싹해져요.

    물을 오염시키는 원인은 여러 가지가 있었지? 가정에서 쓰는 각종 세제, 가축의 똥이나 오줌, 농사를 지을 때 쓰는 비료나 농약, 그리고 공장에서 나오는 폐수 등이었어.

    이 중에서 물을 가장 많이 오염시키는 건 바로 가정에서 내보내는 생활하수야. 생활하수가 물 오염의 약 70%를 차지한다고 해. 그러면 공장에서 나오는 폐수는 얼마 되지 않으니까 크게 신경 쓰지 않아도 될까?

    그렇지 않아. 공장에서 나오는 폐수는 양은 적지만 우리의 건강과 생명까지 위협할 수 있는 독성 물질이나 중금속이 들어 있어. 공장 폐수 때문에 많은 사람이 고통받았던 사례가 여럿 있단다.

    1953년 일본의 미나마타 시에서 수은에 중독되어 온몸이 마비되고, 언어 장애를 겪는 사람들이 나타났어. 심할 경우에는 죽음에 이르렀지. 사람들을 병에 걸리게 한 건 바로 한 질소 비료 공장에서 버린 폐수 때문이었어. 폐수에 든 수은이 물고기의 몸에 들어갔고, 그 물고기를 먹은 사람들이 수은 중독에 걸린 거야.

폐건전지 수거함

　수은이라고 하면 우리가 쉽게 대할 수 없는 물질이라고 생각할 거야. 그런데 수은은 우리 가까이에 있어. 이 책을 읽는 친구 주변에도 시계나 리모컨이 있을 거야. 그 속에 건전지가 있어. 소리 나는 장난감에도 건전지가 들어가. 건전지 안에는 수은이나 납 같은 중금속이 들어 있어.

　다 쓴 건전지는 어떻게 처리하니? 만약 다른 쓰레기와 함께 버린다면 건전지는 땅속에 묻힐 테고, 그 속에 있던 수은이 땅과 지하수를 오염시킬 거야. 지하수는 흘러서 강과 바다로 들어가겠지. 그럼 우리가 먹게 되는 물이나 물고기 등도 수은으로 오염될 수 있단다. 다 쓴 건전지는 반

드시 따로 버려야 하고, 다시 재활용할 수 있어야 해.

우리나라에서도 1991년 낙동강 페놀 오염 사건이 일어났어. 두산 그룹의 화학 공장에서 페놀이 낙동강으로 흘러들어 간 거지. (페놀은 방부제나 살균제 등을 만들 때 쓰는 독성 물질이야. 피부나 호흡기에 닿으면 아주 위험해.) 이 때문에 낙동강의 물을 정수해서 수돗물로 이용하던 대구, 부산 쪽 사람들은 한동안 수돗물을 먹을 수 없었단다.

수염왕의 환경 노트

댐은 홍수나 가뭄을 조절하기 위해서, 전기를 얻기 위해서 건설한다. 하지만 무분별하게 건설하는 댐은 결국 자연을 파괴하고 사람들에게 손해를 입힌다.

(댐 때문에 온난화 여사와 가족들이 고향을 잃었다니……. 댐한테 고맙다고 해야 하나? 안 그랬으면 온난화 여사가 환경 운동가가 되지 않았을 테고, 세바스찬이 병에 걸린 원인도 못 찾았을 거 아냐.)

잠깐노트

물 그리고 생존

사람의 몸은 70%가 물로 되어 있어. 어린이는 90%가 물이지. 만약 사람이 2~3일간 물을 먹지 못하면 생명을 잃게 돼. 물이 없다면 이 세상 어떤 생물도 살아갈 수 없어.

우리나라는 UN이 정한 물 부족 국가야. 물이 충분하지 않다는 뜻이지. 하지만 수도꼭지만 틀면 물이 나오고, 언제나 깨끗한 물을 마실 수 있어서 물이 부족하다는 생각은 잘 하지 않아. 물을 아껴 쓰려는 노력도 별로 하지 않고 있어.

그런데 저 멀리 지구 반대편에는 마실 물 한 컵이 없어서 목숨을 잃는 어린이가 있고, 몇 시간을 걸어가서 물 한 동이를 길어오는 여자들이 있어.

동아프리카의 남수단이라는 나라는 식수 보급률이 20%가 되지 않는다고 해. 이 나라는 전쟁이 끝난 지 얼마 되지 않았고, 나라

힘겹게 물을 나르는 어린이

가 가난하기 때문에 수도를 놓거나, 지하수를 파는 일을 할 수가 없어.

　구호단체에서 펌프를 설치해서 지하수를 먹을 수 있는 마을은 다행이야. 하지만 그렇지 못한 곳에서는 더러운 강물이나 웅덩이에 고인 물을 그냥 마실 수밖에 없어. 그런 물에는 기생충 알이 있고, 전염병을 일으키는 세균이 들어 있어. 아이들은 그 물을 마신 뒤에 고열이 나고, 설사를 해. 5세 미만의 어린이 중 수천 명이 더러운 물을 마시고 목숨을 잃고 있단다.

아프리카에서는 물을 가져오는 일을 대부분 여성이 하고 있어. 새벽에 일어나 몇 시간을 걸어 물을 길어 와야 그날 식사를 준비하고, 몸을 씻을 수 있지. 무거운 물동이를 들고 먼 거리를 오가는 일 때문에 많은 여성이 허리에 통증을 느끼고 있어. 어린 소녀들은 물 긷는 일 때문에 학교에 다닐 수도 없어.

아프리카뿐 아니라 전 세계적으로 물이 귀해지고 있어. 강물은 오염되어 가고, 지하수는 너무 많이 개발해서 점점 더 부족해지고 있지. 신선한 물을 '푸른 황금'이라고까지 부르게 되었어. 유엔은 지금처럼 물을 아끼지 않고 쓴다면, 25년 이내에 마실 물을 구할 수 없을 만큼 물이 부족해질 거라고 경고한단다.

이슬람 경전인 코란에 이런 말이 나와. "물은 모든 것에 생명을 준다." 너무도 당연하기에 잊고 있는 말이지. 오늘은 마시는 물 한 컵에 어떤 뜻이 있는지 한 번쯤 생각해 보면 좋겠구나.

"호외요! 호외!"

집집마다 큰일이 일어날 때 발행되는 신문이 꽂혔어.

"호외라니? 무슨 일이 생긴 거야?"

신문을 받아든 사람들은 어리둥절했어. 조용한 마을에 호외가 나올 만큼 큰일이 생기는 건 아주 드물거든. 생각해 보면, 수염왕이 황금성에서 쫓겨났을 때 호외가 나온 뒤로 처음인 것 같았어.

신문에는 커다란 활자로 〈잘나간다 자동차 공장, 꼬불꼬불 강에 폐수를 버리다〉라고 되어 있었어. 텔레비전과 라디오에서도 폐수에 관한 뉴스로 떠들썩했어.

잘나간다 자동차 공장에서 중금속이 가득 든 폐수를 그동안 조금씩 꼬불꼬불 강에 버렸다고 했지. 이번 장마 기간에는 대량으로 폐수를 내보내다가 환경 운동 단체에 덜미를 잡혔다는 거야.

폐수에 들어 있는 중금속이 사람 몸에 들어가면 복통과 설사를 일으키고, 심하면 생명까지 위태로워질 수 있다고 했어. 이번 사건으로 '잘나간다 자동차 공장'은 문을 닫게 되었고, 벌금도 내야 할 거라고 했어.

사람들은 만나면 폐수 사건을 이야기하느라 바빴어.

"어쩐지 그동안 꼬불꼬불 강에서 계속 악취가 난다 했지."

"물고기도 자꾸 죽었잖아. 일찍 발견해서 다행이네."

"그럼. 그 사건 때문에 환경오염에 관한 방송이 많이 나오더군. 어제 '죽음의 강'이란 특집 방송 보았나? 아주 오싹하더군."

"무슨 내용이었나?"

"광산에서 흘러나온 폐수가 강에 흘러들어가서 한마을 사람들이 모조리 큰 병에 걸렸다네. 강에 독극물이 들어간 걸 몰라서, 그 물로 농사도 짓고 물고기도 잡아서 먹었다지. 중금속이 사람들 몸에 계속 쌓여서 나중에 뼈가 물러지고, 조금만 부딪혀도 뼈가 부러지는 병에 걸렸다는군. 얼마나 아팠던지, 병 이름도 '아프다아프다'였대."

"듣기만 해도 무섭네. 우리 마을도 그렇게 될 뻔했군."

왕수염 회사의 직원들도 마을 신문을 가운데 놓고, 한창 이야기

중이었어. 신문에는 온난화 여사와 이탄소 군이 크게 찍힌 사진이 있었어.

"이분들 아니었으면 정말 큰 사고가 생길 뻔했어요. 우리 마을을 구한 영웅들이에요."

"온난화 씨는 굉장한 분이세요. 저번에 수염왕 사장님 집에서 만난 적이 있었죠. 눈에서 번쩍번쩍 번개가 나오는 것 같았어요. 목소리도 쩌렁쩌렁하시고요. 수염왕 사장님이 꼼짝도 못 하시더라니까요."

일잘해 부장이 수염왕과 온난화 여사가 처음 만났을 때 이야기를 들려주자, 직원들은 모두 큭큭거렸어.

"이탄소라는 청년도 멋있네요."

"젊은 사람이 참 대단하죠? 작년에 정부에서 큰 강에 댐을 하나씩 더 만들고, 주변에 관광시설을 만들겠다고 한 적이 있었잖아요. 그때, 강은 흘러야 한다며 환경 단체와 시민들이 힘을 합해서 막았었죠. 이탄소 군이 큰일을 했다고 하더라고요."

수염왕은 직원들 등 뒤에서 몰래 이야기를 엿들었어. 그런데 아무리 귀를 쫑긋하고 있어도, 자기 이야기는 나오지 않았지. 결국 직원들 틈을 비집고 들어가, 팔자수염을 한 번 툭 튕기며 이야기

119

했어.

"흠흠, 내가 이번 폐수 사건을 좀 아는데 말이야. 자네들, 궁금하지 않나? 그날 밤, 상황이 아주 위험했지. 온난화 여사와 내가 공장에서 폐수를 버리는 증거를 확보하고 돌아서는데, 열 명이나 되는 덩치들이 에워싸지 뭐야. 그래서 내가 앞으로 나섰지. 다치기 싫으면 물러서라 하고 말이야. 그러니깐 그놈들이 한번 겨뤄보기도 전에 슬금슬금 뒷걸음질을 치더군."

"사장님, 그런데 왜 신문에 사장님 얘기는 한 줄도 없나요?"

일잘해 부장이 눈치 없이 신문을 가리키며 물어보았지. 정말 신문에는 수염왕 사진은커녕, 수염왕 이야기는 한 줄도 나와 있지 않았어.

"흠흠, 그거야, 난 비밀요원이라 그래. 자, 다들 일들 해. 점심시간 끝난 지가 언젠데."

수염왕은 신문을 말아 쥐고, 소리쳤어.

직원들은 수염왕 눈치를 보며 슬금슬금 자기 자리로 돌아갔지.

수염왕은 신문을 들고 사장실로 들어갔어. 책상 위에 신문을 펼쳐 놓고, 못마땅한 듯 쳐다보았지.

"아니, 그렇게 같이 고생했는데······. 수염왕에게 특별히 감사하

다, 뭐 이 정도는 말해 줄 수 있잖아? 그리고 웃는 것 좀 봐. 왜 이렇게 어색해? 이게 웃는 거야, 우는 거야?"

수염왕은 손가락으로 온난화 여사의 얼굴을 쿡쿡 찔렀어.

"웃는 것 맞습니다. 그리고 내 사진에서 손가락 좀 떼시죠."

갑자기 눈앞에 나타난 온난화 여사 때문에 수염왕은 그만 의자에 앉은 채로 뒤로 넘어갈 뻔했어.

"아니, 왜 남의 방에 벌컥벌컥 마음대로 들어오는 거야? 예의 없이."

"노크했는데, 그쪽이 못 들은 겁니다. 자, 시간 없으니 여기에 도장부터 찍으세요."

온난화 여사는 종이 두 장을 꺼내, 책상 위에 올려놓았어. 수염왕은 눈을 가늘게 뜨고 읽어 보았지.

"이게 뭐야? 제2공장 건설 포기 각서 그리고 환경 센터 설립 기획안? 아니 누구 마음대로 이런 계약서를 만든 거야? 내가 이런 데다 도장을 찍을 것 같아?"

수염왕이 종이 한 장을 집어 팔랑팔랑 흔들었어.

"곧 찍게 될 겁니다. 그전에 같이 가볼 곳이 있어요."

온난화 여사는 막무가내로 수염왕을 끌고 밖으로 나와 자신의

자전거 뒷자리에 앉혔어. 얼마 지나지 않아 작은 의자에 걸친 엉덩이가 멍이 든 것처럼 욱신욱신 아파졌어.

하지만 얼굴에 스치는 바람은 왠지 기분을 좋게 했어. 자동차 안에서 에어컨 바람을 쐬는 것과는 다른 기분이었지. 마치 소풍을 가는 것 같았거든.

수염왕의 얼굴에 화사한 미소가 번지는 것과는 반대로 온난화 여사의 얼굴은 점점 일그러졌어. 땀은 비처럼 흘러내렸고.

"수염왕 씨, 헉헉. 요즘 고기 대신 신선한 채소를 먹고 있나요? 앞으로는 자동차 대신 자전거를 타도록 하세요. 회사에 갈 때 자전거를 타면, 차 막힐 걱정도 없고, 기름값도 아낄 수 있잖아요. 사장부터 자전거를 타면, 직원들도 본받아 함께 탈 겁니다. 그러면 건강도 좋아지고, 환경도 지키고…… 헉헉."

온난화 여사는 숨이 차서 헉헉거리면서도, 수염왕에게 한참 동안 잔소리를 퍼부었어.

한 시간쯤 뒤에, 산 아래 논밭이 평화롭게 펼쳐진 시골 마을이 나왔어.

"헉헉, 이제 내리세요."

자전거가 끼익 멈췄어. 온난화 여사는 거친 숨을 몰아쉬며 자전

거에서 내렸어.

"여기가 어딘지 알겠어요?"

수염왕은 주변을 둘러보며 기지개를 쭉 켰어. 그리고 숨을 크게 들이쉬었지. 초록빛 산소가 폐 안으로 쑥 흘러들어오는 기분이 들었어.

"알다마다. 바로 제2공장이 들어설 초록마을 아닌가. 여기에 공장을 세워 전 세계로 꼬불꼬불면을 수출할 거라고. 아, 공기 좋다. 하하하."

온난화 여사도 크게 숨을 들이쉬었어.

"맞아요. 공기가 무척 좋죠? 세상에는 돈으로 살 수 없는 것이 있습니다. 지금 우리가 마시는 이 깨끗한 공기도 그런 거죠. 당신이 아무리 많은 꼬불꼬불면을 팔아도 살 수 없을 겁니다."

"그건 그렇지."

"게다가 공장을 지으려고, 산을 깎아낸다더군요. 저 산의 나무 한 그루 한 그루가 어떤 일을 하는지 알고 있나요? 깨끗한 공기를 만들고, 홍수를 막아 주죠. 또 지구가 폭발하지 않게 막아 주는 방패 역할까지 합니다."

"아니, 무슨 나무 한 그루가 그렇게 많은 일을 한담?"

수염왕은 입을 삐죽 내밀었어.

"게다가 공장이 생기면 이곳에서 오랜 세월 농사를 지은 사람들은 땅과 고향을 버리고 떠나야 합니다. 아무리 보상금을 많이 준다고 해도 그 돈으로 다시 아름다운 자연과 고향을 살 수는 없어요. 난 이 마을 사람들이 나와 내 가족처럼 고향을 잃지 않았으면 합니다."

수염왕은 비 오는 날, 온난화 여사가 들려주었던 이야기가 떠올라 가슴이 찡해졌어. 안 그래도 이 마을 사람들이 공장 건설을 반대하려는 움직임이 있다는 걸 듣기는 했어. 온난화 여사를 따라 피켓을 들고 온 사람 중에는 마을 사람들도 있다고 했어.

수염왕의 마음속에서 두 가지 생각이 싸움을 벌였어.

'공장 건설을 밀고 나가. 내 땅에 내 돈으로 짓는 건데, 아무 문제 없어. 마을 사람들은 공장에 취직시켜 주면 되잖아.'

'그래도 이렇게 아름다운 곳이 사라진다고 생각하면 아까워. 마을 사람들도 농사를 짓고 사는 게 더 행복하지 않을까?'

온난화 여사는 수염왕의 눈빛이 흔들리는 것을 보자, 덥석 손을 잡았어.

"수염왕 씨, 당신은 폐수의 위험에서 마을을 지켜냈습니다. 난

그때부터 당신을 친구로 받아들였습니다. 공장 건설을 포기하고, 여기에 환경 센터를 세우는 겁니다. 그리고 우리 함께 아름다운 초록 세상을 만들어 나가 봅시다."

온난화 여사는 잡은 두 손에 힘을 주며, 믿음이 가득한 눈으로 수염왕을 바라보았어. 수염왕의 머릿속에 '친구'란 말이 울려 퍼졌지. 수염왕은 저도 모르게 고개를 끄덕였어.

"그래. 계약서 줘. 도장 찍을게."

온난화 여사의 말대로 나무 한 그루, 한 그루가 하는 일이 정말 그렇게 대단한가요?
지구 폭발을 막아 줄 만큼요?

음, 선생님 생각에는 지구가 이대로 계속해서 뜨거워지고, 몸살을 앓게 된다면 언젠가는 폭발할 수도 있을 것 같단다. '더워, 더워!' 하면서 자꾸만 얼굴이 빨개지는 지구를 상상해 보렴. 그러다, 펑!

물론 지구가 정말로 폭발하지는 않겠지만, 상상이라도 무척 겁나는 일이지? 온난화 여사의 말대로 정말 나무 한 그루, 한 그루가 모여 이 지구가 숲으로 가득 찬다면 지구 폭발을 막을 수 있을지도 몰라.

그럼, 나무 한 그루에 무슨 대단한 힘이 있는지 알아보자. 나무가 많은 숲은 홍수를 막아 주는 댐 역할을 한단다. 숲에 비가 내리면 흙은 물을 빨아들이지. 또 나무뿌리는 흙을 꽉 붙잡아서 빗물에 흙이 쓸려가 산사태가 나는 걸 막아 줘. 그리고 숲의 흙은 빗물 속에 들어 있던 나쁜 오염 물질을 걸러 주는 일도 한단다.

또 하나, 숲 속의 나무는 공기를 깨끗하게 해 주는 공기청정기 노릇을 해. 나무가 많은 곳에 가면 상쾌한 기분이 들 거야. 숲 속 나무들이 이산화탄소를 빨아들이고, 산소를 가득 뿜어주기 때문이지. 지구를 자

앞으로 흔히 보게 될 도시 숲의 모습

꾸만 더워지게 하는 것이 이산화탄소라고 배웠지? 만약 숲이 많아져서 이산화탄소를 더 많이 빨아들이게 된다면 지구 온도도 낮아지지 않겠니. 캐나다 산림청에서 일하는 버너 커즈 박사는 우리나라의 숲이 매년 4,000만 톤이나 되는 이산화탄소를 흡수한다고 했단다.

 그래서 최근에는 전국의 도시마다 도시 숲을 만들려고 노력하고 있어. 건물 옥상이나 자투리땅 어디든 나무와 식물을 심어 초록빛 도시로 바꾸는 거지. 그렇다면 더운 여름 시원하게 쉴 수 있는 그늘이 생길 테고, 나무들 덕분에 도시의 매연도 줄어들 거야.

> 숲이 무척 중요하다는 걸 알았어요.
> 그런데 1초에 축구장 하나만큼의 열대우림이 사라지고
> 있다고 하던데, 왜 숲을 보호하지 않는 거죠?

지금 이 순간에도 열대우림의 나무들이 베어지고, 불타고 있다는 걸 생각하면 무척 안타까운 일이야. 열대우림은 지구의 허파와도 같은 숲이거든. 열대우림에서 나오는 산소가 대기의 절반 가까이 된다고 하는구나.

지구의 허파 아마존

열대우림은 동남아시아, 중앙아프리카, 중남미에 있는 숲을 말해. 그곳은 일 년 내내 비가 내려서 나무들이 아주 울창한 숲을 이루고 있지. 그리고 그 속에는 다른 곳에서는 볼 수 없는 다양한 식물, 동물, 곤충 들이 살고 있단다. 그런 만큼 열대우림은 소중히 지켜나가야 할 거야.

하지만 열대우림이 있는 나라들은 개발 때문에 숲을 자꾸만 훼손하고 있어. 필리핀은 1990년 이전에는 국토의 3분의 2가 숲이었는데, 지금은 4분의 1 정도밖에 남지 않았어. 광산을 개발하고, 나무를 베어 팔기 위해서 숲을 없앴기 때문이야.

브라질에는 아마존이라는 세계에서 가장 큰 열대우림이 있는데, 이곳도 마찬가지로 숲이 점점 줄어들고 있어. 농민들은 농사지을 땅이 필요해서 숲을 태우고, 땔감을 얻으려고 나무를 베지. 또 부자 나라의 큰 회사들이 이곳에 들어와 숲을 없애고 커다란 농장을 만들기 때문이야.

 녹색 사막이 있다는데, 어떤 곳이에요?

사막이라고 하면 모래로 가득한, 풀 한 포기 보기 힘든 그런 곳이 떠오르지? 그런데 녹색 사막이라니, 무슨 말일까? 나무로 가득 차 있는데도 사막이라고 부르는 그런 숲이 있어. 바로 유칼립투스를 심어서 만든 인공 숲이야.

유칼립투스는 코알라가 좋아하는 나무지. 그런데 코알라의 먹이가 될 뿐 아니라 종이로 만들기 좋아서 요즘 인기가 많단다. 유칼립투스는 4년

녹색 사막을 만드는 유칼립투스 나무

이나 10년이면 베어서 쓸 수 있을 정도로 빠르게 자라는 나무야. 그래서 인도네시아, 말레이시아 같은 나라에서는 원래 있던 숲의 나무를 베어내고, 유칼립투스 나무를 심어. 종이 소비가 늘어날수록 유칼립투스도 점점 많이 심지.

유칼립투스도 나무인데, 무슨 문제가 있을까 하는 생각이 들 거야. 하지만 유칼립투스 나무 근처에서는 다른 식물들이 잘 자라지 못한다고 해. 게다가 잎에는 독이 있어서 그 독을 간에서 분해할 수 있는 코알라 외에 다른 생물의 먹이가 될 수도 없어. 결국 원래의 숲에서 살던 생물들은 살 곳을 잃어버리게 되는 거야.

오로지 종이를 얻으려고 만든 숲, 다양한 동식물이 어울려 살아가지 못하는 숲이라니, 결국 사막과 다르지 않아.

수염왕의 환경 노트

나무는 인간과 다른 생물들에게 먹을 것과 살 곳을 준다. 공기를 맑게 해 주고, 홍수와 가뭄을 막아 준다. 나무를 많이 심는다면, 지구온난화도 막을 수 있다. 나무를 베는 것은 지구의 생명을 조금씩 갉아먹는 것과 같다.

(나도 나무를 사랑해. 식목일에는 꼭 나무 한 그루씩 심었다고! 물을 좀 안 주긴 했지만…….)

수염왕은 아침부터 바빴어.

"무슨 옷을 입을까? 가죽옷은 안 돼. 무슨 신발을 신지? 가죽 구두는 안 돼."

방 안 가득 늘어놓은 옷과 신발 속을 헤집고 다니느라 정신이 없었지. 그런 중간중간 세바스찬을 재촉하는 것도 잊지 않았단다.

"세바스찬, 서둘러라. 어찌 된 게 아프고 난 뒤로 더 느려졌어. 후유증이 심각해. 쯧쯧."

세바스찬은 폐수 사건이 해결되고, 일주일 뒤에 퇴원했어. 다행히 늦기 전에 폐수에 들어 있던 물질을 알아내서 치료제를 먹을 수 있었지.

수염왕은 세바스찬이 퇴원해서 집으로 돌아왔을 때 기뻐서 엉엉 울음을 터뜨렸어. 앞으로 평생 세바스찬을 업고 다니겠노라고 지

키지도 못할 맹세까지 하면서.

그런데 세바스찬은 정말 후유증이라도 생긴 건지, 수염왕이 세 번은 불러야 그제야 어슬렁어슬렁 움직이는 거야. 업고 다니겠다는 맹세는 세 시간도 못 되어 어느 행성으론가 보내 버리고, 평소대로 세바스찬에게 부르르 소리를 질러 댔어.

수염왕이 한 시간이나 걸려서 고른 건 초록색 운동복에, 빨간 운동화였어.

"이게 좋겠다. 자전거를 타고 갈 테니까 편한 옷과 신발이 최고지."

수염왕은 세바스찬을 황금색 자전거 뒷자리에 태웠어. 세바스찬을 위해 특별히 바구니를 달아 놓았지. 수염왕은 가까운 거리는 자동차 대신 자전거를 이용하기로 했어. 자전거가 환경을 위한 최고의 교통수단이라는 말을 온난화 여사에게 귀가 아프도록 들었기 때문이야.

"자, 출발!"

수염왕은 기운 좋게 출발했지만, 가는 길이 순탄하지 않았어. 자전거 전용 도로가 없어서 빵빵거리는 자동차 눈치를 보아야 했지. 게다가 시골의 흙길엔 왜 그리 돌멩이가 많은지. 툭툭 튀어나

온 돌멩이 위를 지나갈 때마다 엉덩이가 송곳에 찔리는 것처럼 쑤셨어.

"괜히 귀 얇게 온난화 여사의 말을 들었어. 그 여자 말을 들으면 자다가도 얼음 바가지를 뒤집어쓴다고."

수염왕이 더는 못 가겠다고 자전거를 팽개치려는 순간, 저 멀리 아담한 3층 건물이 눈에 들어왔어. 바로 '초록 마을 환경 센터'.

오늘이 바로 환경 센터가 문을 여는 첫날이었던 거야.

수염왕이 무언가에 홀린 것처럼 제2공장 건설을 포기하고, 환경 센터를 건립하겠다고 도장을 찍고 나서, 바로 일이 착착 진행되었지.

수염왕은 그 뒤로 매일 이곳에 나와 건물이 지어지는 것을 보았어. 속으로 쓴 눈물을 얼마나 삼켰는지 몰라.

'아, 여기에 공장을 지었더라면…… 돈을 자루에 쓸어 담았을 텐데. 온난화 여사의 꾐에 빠져 그 많은 돈을 포기하다니.'

그렇게 후회하고, 또 후회했지.

하지만 막상 환경 센터가 다 지어지자 이상하게도 가슴이 두근거렸지. 왠지 자신이 멋진 일을 한 것 같았어. 통장에 돈이 잔뜩 찍힌 것을 볼 때보다 더 심장이 발랑발랑한다고나 할까? 이런 건

말로 표현할 수 없는 소중한 기분이라는 느낌이 왔어.

사실, 환경 센터의 이름을 지을 때 온난화 여사와 또 작은 말다툼이 있었어.

"당연히 수염왕 환경 센터라고 해야지. 내가 이 땅을 기증했잖아. 내 이름을 길이길이 남기고 싶단 말이야."

"우리는 이 땅에 아무것도 남기지 않는 게 남기는 거예요. 그러니 이름 같은 것 남길 생각하지 말고, 당신이 남긴 쓰레기라도 치우고 가려고 노력하세요. 여긴 초록마을 환경 센터라고 정했어요. 마을 주민들이 모두 찬성한 이름이에요."

수염왕은 한마디 했다가, 잔소리만 엄청나게 들어야 했어. 게다가 아무것도 남기지 않는 게 남기는 거라니? 도통 이해 못 하겠다는 얼굴이었지.

마을 사람들 모두가 환경 센터에 나와 있었어. 이탄소 군이 사람들에게 환경 센터 곳곳을 소개해 주었어.

"이 건물은 재활용 자재를 이용해서 지은 것입니다. 영화 세트장을 철거한 뒤 나온 목재와 창문들을 기증받았어요. 책상, 의자, 책장은 마을 주민들이 재활용 센터에 가져온 것을 다시 칠하고, 고친 것입니다. 화장실 칸막이는 우유 용기를 재활용한 것이고요.

바닥에 깐 카펫도 재활용 소재를 사용한 것이죠."

사람들은 벽과 책상, 카펫을 유심히 살펴보았어. 자신들이 못 쓰겠다고 버린 물건들이 다시 새것처럼 변해 있는 걸 보고, 탄성을 질렀어.

"이곳은 여러분이 언제나 들러서 쉬고, 즐길 수 있는 쉼터 같은 곳입니다. 환경에 대한 책을 볼 수 있는 도서관이 있고요. 또 영상물을 볼 수 있는 작은 극장도 있습니다. 그리고 친환경 비누나, 세제 등을 만드는 강좌도 열 생각입니다. 친환경 농법에 대한 강의도 열어서, 농사짓는 데 도움을 드리려고 합니다."

"그런데 저기 있는 자전거는 뭡니까?"

배가 볼록 나온 한 아저씨가 건물 로비에 줄지어 서 있는 자전거를 가리키며 물었어.

"네, 저건 전기를 만드는 자전거입니다. 자전거 바퀴를 돌리면 그 힘으로 전기를 만드는 거예요. 여러분 한 명 한 명이 발전기가 되는 거죠. 여러분이 만든 전기로 불을 켤 수도 있고, 컴퓨터를 사용할 수도 있습니다. 특히, 배 나오신 분들은 환경 센터에 오면 꼭 자전거를 타도록 해 주세요."

아이들이 서로 자전거를 타 보겠다고 줄을 섰어. 질문했던 아저

씨도 슬그머니 뱃살을 집어 보며 끼어들었어.

"자, 이제 옥상 정원으로 올라가 볼까요? 옥상에 정원을 만들면 여름에는 건물 온도가 내려가고, 겨울에는 따뜻해지는 효과가 있다고 합니다. 옥상에는 빗물을 모아 두는 장치가 되어 있어서, 그 물로 정원에 물을 주게 됩니다."

사람들은 옥상 정원까지 구경한 뒤에 모두 작은 극장으로 자리를 옮겼어. 오늘 온난화 여사가 강의를 한다고 했거든.

수염왕은 온난화 여사가 말을 하다가 목이 마를까 싶어, 물과 갖가지 유기농 주스를 탁자 위에 주르륵 올려놓았지. 그리고 제일 앞자리에 앉아, 두 다리를 얌전히 모으고, 공책과 연필을 꺼내 놓고 기다렸어.

온난화 여사는 사람들에게 인사하고 난 뒤, 칠판에 큰 동그라미를 그렸어. 그 위에 우는 표정과 함께 원을 다 덮을 만큼 커다란 검은 발자국도 그려 넣었지.

"여러분, 이건 지구예요. 그리고 검은 발자국은 바로 탄소 발자국이에요. 커다란 탄소 발자국 때문에 지구가 지금 울고 있고요."

발자국이란 말에 모두 자신의 발을 내려다보았어. 무슨 말인지 몰라 고개를 갸웃거리는 사람들도 많았어.

"탄소 발자국이 뭐예요?"

"탄소 발자국이란 우리가 생활하면서 내뿜는 이산화탄소의 양을 발자국 모양으로 나타낸 거예요. 이산화탄소가 많아져서, 지구가 점점 더워진다는 건 알고 있죠? 그런데, 이산화탄소가 언제 나오는지도 알고 있나요?"

"숨을 쉴 때요."

"전기 제품을 쓸 때요."

"자동차를 탈 때도 나와요."

저마다 한마디씩 했지. 수염왕도 거들었어.

"소고기를 먹을 때도 나와. 가죽점퍼를 입을 때도 나오고."

"네, 맞아요. 이산화탄소는 전기를 쓸 때, 자동차를 탈 때, 에어컨을 틀 때 나옵니다. 옷이나 신발, 가방, 연필, 종이를 만들 때도 나오지요. 지구는 지금 인간이 만든 탄소 발자국 때문에 몸살을 앓고 있습니다. 탄소 발자국이 커질수록 지구는 더워집니다. 내 탄소 발자국은 얼마나 될까 한번 생각해 보세요."

'내 탄소 발자국은 어느 정도 될까? 요만큼? 아니, 더 큰가?'

수염왕은 두 발을 붙였다 뗐다 하며 헤아려 봤어.

"탄소 발자국을 줄이려면 어떻게 해야 하나요?"

한 어린이가 손을 번쩍 들고 물어 보았어.

"좋은 습관을 하나씩만 가져도 탄소 발자국은 줄어듭니다. 에어컨을 좀 덜 켜기, 자동차 대신 버스를 한 번이라도 더 타기…… 이런 작은 일들이 탄소 발자국을 줄입니다. 나뿐 아니라 우리가 모두 함께한다면 더 많이 줄어들게 할 수 있고요."

온난화 여사는 이번에는 칠판에 방긋 웃는 얼굴의 지구를 그렸어.

"여러분, 옆에 있는 어린이들을 한번 봐 주세요. 우리는 지구를 아이들에게 잠시 빌려와 쓰고 있는 겁니다. 어떤 모습으로 돌려주고 싶은가요? 깨끗하고, 아름답게 물려주고 싶지 않으신가요?"

어른들은 온난화 여사의 마지막 말에 모두 고개를 끄덕였어. 그리고 힘껏 손뼉을 쳤지.

수염왕은 자리에서 벌떡 일어나 손이 벌게질 때까지 박수를 쳤어. 다른 사람들이 모두 자리를 뜰 때까지 쳤지. 이탄소 군이 말리지 않았으면 앙코르라도 외칠 기세였단다.

온난화 여사는 그런 수염왕이 창피해서, 모르는 사람인 양 고개를 돌리며 가 버렸어.

내 탄소 발자국은 얼마나 되는지 궁금해요.
탄소 발자국을 줄일 방법도 더 알고 싶어요.

지금 우리가 사는 지구를 가장 위협하는 문제는 지구온난화일 거야. 해마다 달라지는 기후 때문에 많은 자연재해가 일어나고, 사람도 동식물도 살 곳을 잃어 가고 있어.

지구온난화를 막기 위해서는 한 사람, 한 사람이 탄소 발자국을 줄이는 것이 중요해. 먼저 내 탄소 발자국의 크기는 얼마나 되는지부터 알아볼까? 한국 기후·환경 네트워크www.greenstart.kr 홈페이지에 가면 내가 만들어 내는 이산화탄소의 양을 계산해 볼 수 있어. 선생님이 한 달 동안 사용하는 가스, 전기, 물의 양과 쓰레기 배출량을 적어 넣었더니 104kg이 나왔어. 그리고 104kg의 이산화탄소를 없애려면 1년 동안 38그루의 어린 소나무를 심어야 한다는구나.

이제 생활 속에서 이산화탄소를 줄일 방법을 알아볼까? 먼저 쓰지 않는 전기 플러그를 뽑아 두자. 1년 동안 이렇게 하면 어린 소나무 32그루를 심는 것과 같다는구나. 특히 컴퓨터 본체와 모니터의 전원은 꼭 꺼야 해. 컴퓨터는 에너지를 많이 쓰는 제품이거든. 냉장고는 꽉 채우지 않고, 60% 정도만 채우는 것이 좋아.

겨울철 난방 온도를 2도 낮추면 1년에 81그루의 어린 소나무를 심는 것과 같아. 보일러의 내부 청소만 잘해도 가스 사용량을 낮출 수 있지.

 커다란 세탁기를 자주 돌리지 말고, 빨래는 모아서 하는 게 좋아. 물과 전기를 둘 다 아낄 수 있거든. 그리고 샤워기나 세면기의 수도꼭지를 절수형으로 바꾸면, 물 사용량을 40%나 아낄 수 있어. 또 욕조에 물을 가득 받아 목욕하지 말고, 짧게 샤워를 하는 게 좋아. 17분 동안 샤워한다면 욕조 한 통의 물을 다 쓰는 것과 같아.

 지구온난화에 대해 걱정만 한다면 달라지는 것은 아무것도 없어. 하루에 한 가지라도 실천한다면, 위험은 조금씩이라도 줄어들 거야.

수염왕이 자전거를 이용하기로 한 건 무척 좋은 생각인 것 같아요. 이산화탄소를 배출하는 자동차를 안 타니까 수염왕의 탄소 발자국도 줄어들겠네요.

늘 자동차를 타고 다녔던 수염왕이 자전거를 탈 생각을 하다니……. 처음에는 힘이 들겠지만, 점차 지구 환경을 위해서도 자신의 건강을 위해서도 무척 잘한 일이라는 생각이 들 거야.

자전거는 이산화탄소를 전혀 내뿜지 않는 최고의 교통수단이야. 석유나 석탄 또는 다른 에너지를 사용할 필요 없이 오로지 인간의 힘만으로 갈 수 있잖아. 그러니 자동차의 매연으로 공기가 나빠질 일도 없고, 꽉 막힌 도로 탓에 짜증이 날 일도 없지. 게다가 자연스럽게 운동을 하게 되니, 건강도 챙길 수 있어.

자전거 이용이 가장 높은 나라는 네덜란드로 교통수단의 약 25%를 차지하고 있어. 학생들은 자전거로 등하교를 하고, 직장인들은 자전거를 타고 출퇴근을 해. 지하철역이나 기차역에서 내려 자전거를 갈아타기 쉽도록 역 근처에는 큰 자전거 주차장이 마련되어 있어. 자전거 전용도로가 마련되어 있어, 자동차와 부딪히지 않고 안전하게 달릴 수 있지.

네덜란드도 예전에 도로가 자동차로 꽉 차 있을 때가 있었지. 그런데

1970년대 원유 가격이 갑자기 오르면서 경제가 매우 힘들어졌단다. 자동차를 타는 사람들도 휘발유 가격이 오르자, 큰 부담을 느꼈어.

정부에서는 자동차 대신 자전거 타기를 권했고, 자전거 이용자들도 안전한 자전거 도로와 자전거 타기에 편리한 교통 체계를 요구했어.

정부와 시민이 함께 노력한 덕분에 네덜란드는 어느 나라보다 자전거 이용이 잘되는 나라가 되었어. 전 세계가 네덜란드처럼 자전거 이용을 많이 하게 된다면 지구온난화도 막을 수 있을 거라는 생각이 드는구나.

수염왕의 환경 노트

우리는 생활 속에서 이산화탄소를 만들어 낸다. 탈것, 먹을 것, 입을 것 등 모든 것이 지구온난화와 연결되어 있다. 내 작은 습관 하나만 고쳐도, 지구온난화를 막고, 자연을 지킬 수 있다.

(내가 세바스찬과 자전거 타는 것 봤지? 봤지? 며칠 자전거를 탔더니 배가 쏙 들어간 것 같지 않아? 채소를 많이 먹고 자전거를 이용했더니 몸이 좋아졌어. 뭐, 원래 난 몸이 좋았지만.)

잠깐노트

녹색 생활 실천하기!
- 딱 10가지만!

1. 유기농 식품을 사자

유기농산물은 농약이나 화학비료를 쓰지 않기 때문에 이산화탄소를 덜 배출해. 땅을 오염시키지 않고, 우리 몸에도 좋아. 생산자와 소비자를 직접 연결해 주는 생활협동조합(생협)을 이용한다면, 유기농 식품을 더 저렴하게 살 수 있어.

2. 유기농 옷을 입자

우리가 입는 옷은 대부분 석유로 만들어. 면화를 재배할 때 다른 어떤 작물보다 많은 살충제와 비료를 사용해. 그런 살충제에는 암을 일으키는 물질도 들어 있어. 요즘 여러 가지 친환경 섬유로 만든 옷이 나오고 있어. 콩 섬유, 대나무 섬유로 만든 옷을 사서 입어 보자.

3. 청소 세제를 만들어 쓰자

 석유화학 물질로 만든 청소 세제 대신 천연 재료로 세제를 만들어 보자. 흔히 가정에서 쓰는 욕실, 주방 세제는 물을 오염시키고, 건강에도 좋지 않아. 베이킹 소다와 물, 식초를 섞으면 훌륭한 천연 세제를 만들 수 있어.

4. 분리수거를 하자

 유리병이 자연에서 분해되려면 3,000년이나 걸린대. 플라스틱은 수백 년, 알루미늄 캔은 100년이 걸린다는구나. 다행히 유리병과 플라스틱은 재활용해서 다른 물건으로 만들 수 있어. 분리수거를 잘하는 것이 재활용의 첫걸음이겠지?

5. 일주일에 한 번은 고기를 먹지 말자

 가축이 내뿜는 메탄가스와 곡물 사료를 만들 때 나오는 이산화탄소를 줄이기 위해 일주일에 한 번은 고기반찬 없이 밥을 먹으면 어떨까? 단백질이 걱정된다면 콩과 두부로 대신할 수 있단다.

6. 바자회에 참여해 보자

 책 한 권을 만들 때마다 사라지는 열대우림의 나무들을 생각해 보렴. 지금은 보지 않는 책이 있다면 바자회에 가지고 가서 팔아 보자. 장난감이나 작아진 옷도 마찬가지. 용돈을 벌 수도 있고, 환경도 살릴 수 있단다.

7. 빗물을 모아 보자

 비 오는 날 큰 양동이에 물을 받아 두었다가, 화분이나 정원에 줘 보자. 빗물을 모아서 사용하면 수도 요금도 아낄 수 있고, 하수구로 흘러가는 빗물 양도 줄일 수 있어 수해 예방도 할 수 있어.

8. 채소를 길러 먹자

 토마토, 상추, 고추 같은 채소를 길러 보자. 길쭉한 화분과 햇볕이 잘 드는 곳만 있으면 농약과 비료를 치지 않은 신선한 채소를 먹을 수 있어. 기르는 재미와 수확하는 기쁨까지 느낄 수 있단다.

9. 걷기 여행, 자전거 여행을 떠나 보자

 방학이 되면 여행을 떠나는 즐거움이 있지. 이번에는 이산화탄

소 없는 여행을 해 보면 어떨까? 대중교통을 타고 가서, 걸으면서 관광해 보렴. 또 자전거를 타고 가까운 지역을 여행해 보자. 몸은 조금 힘들겠지만, 훨씬 더 많은 것을 볼 수 있을 거야.

10. 물병을 가지고 다니자

우리나라에서는 한 해 동안 120억 개의 종이컵을 사용한대. 미국에서는 한 해 동안 생수병을 만드는 데 자동차 10만 대의 연료만큼 되는 석유를 쓰고 있대. 일회용 컵이나 물병 대신, 계속 사용할 수 있는 물병을 들고 다닌다면, 건강과 환경 둘 다 챙길 수 있어.

　수염왕은 아침부터 땀을 뻘뻘 흘리며 삽으로 집 마당에 구덩이를 팠어.

　"세바스찬, 이제부터 똥은 여기서 눠라. 네 똥이 아주 귀한 거름으로 변할 것이야. 난 네 똥이 이렇게 귀한 것인 줄 몰랐다. 개똥에서 나오는 가스를 모아 난방에 쓰는 나라도 있다는구나."

　세바스찬은 뒷발로 귀를 슬슬 긁으며 구덩이와 수염왕을 번갈아 보았어.

　'뭐라고요? 언제는 밖에서 똥 누면 똥개라며 입에 거품을 물더니만…….' 하는 눈빛이었지.

　수염왕은 환경 센터가 생긴 뒤로 하루도 빼지 않고 다녀왔어. 자전거로 갈 때마다 '힘들어, 힘들어' 외치면서도 말이야.

　"그나저나 자전거 도로는 언제 만들어 주는 거야? 다음번엔 꼭

환경 대통령을 뽑을 거야!"

구덩이를 파다가 지쳤는지, 수염왕은 괜히 자전거 도로 타령이었지.

어쨌든 한 시간씩 자전거를 타고 환경 센터에 가서 배운 게 많았어. 어제는 개똥으로 거름을 만드는 걸 알아온 거야. 개똥에 발효제를 넣으면 퇴비가 된다고 했어.

온난화 여사의 닦달에 못 이겨 정원에 어린나무 몇 그루를 심어 놓았거든. 자두나무, 대추나무, 앵두나무, 배나무를 심었어. 뭐든 열매를 거두는 게 최고 아니겠어? 아직 1m도 되지 않는 어린나무를 들여다보며, 꿈을 꾸었지.

"이제 과일 사러 갈 필요가 없겠군. 예쁜 것들아, 무럭무럭 자라라. 퇴비를 듬뿍듬뿍 줄 테니."

수염왕은 벌써 새콤달콤한 자두라도 하나 베어 문 것처럼 침을 꿀꺽 삼켰어. 그동안 물주기 귀찮아 화분 하나도 놔두지 않았는데, 달라져도 너무 달라진 거지.

수염왕은 구덩이를 다 판 뒤에, 옷에 묻은 흙을 탈탈 털어냈어. 그러고는 집으로 들어갔지.

"자, 이제 옷장을 정리해 볼까?"

수염왕은 옷장 문을 활짝 열어젖혔어. 100벌도 넘는 옷이 주르륵 걸려 있었어. 황금성에 살 때 버릇을 못 버리고, 그동안 얼마나 옷을 사 모았는지 몰라. 수염왕은 잠시 옷들을 쓰다듬어 보았어.

"이건 꼬불꼬불면이 잘나가서 처음으로 큰돈을 벌었을 때 산 거지."

수염왕은 흰색과 검은색이 섞인 밍크코트를 붙잡고 잠시 옛 생각에 빠졌어. 부드러운 털에 얼굴도 대 보았어.

그러다 곧 얼굴을 치켜들더니, 단숨에 밍크코트를 옷걸이에서 벗겨 냈어.

"가죽으로 만든 옷, 동물 털로 만든 옷은 죄다 버릴 거야. 난 할 수 있어. 겨울이 무척 춥겠지만 말이야. 그건 내복을 두 장씩 껴입으면 되겠지."

상자 속에 던져진 밍크코트는 어딘가로 팔려가는 한 마리 작은 동물처럼 보였어. 입지 않는 옷들도 바자회에 보낼 상자에 따로 담았어.

옷장 정리를 끝낸 수염왕은 이번엔 주방으로 갔어. 찬장에서 식초와 베이킹 소다를 꺼냈지.

"주방 세제가 강물을 오염시킨다고 했지? 화학 세제 대신에 식

초와 베이킹 소다로 청소하겠어. 물은 소중하니까."

수염왕은 수세미에 직접 만든 세제를 묻혀 박박 닦으며 말했어. 물 이야기에 지금까지 심드렁하던 세바스찬이 귀를 쫑긋했어. 느릿느릿 고개도 끄덕였지.

주방과 욕실이 반짝반짝해졌어. 그동안 청소를 하고 나면 독한 세제 탓인지 눈이 맵고, 기침도 났었거든. 그런데 천연세제는 그런 게 없었어.

수염왕은 뿌듯한 얼굴로 집 안을 둘러보고, 창밖으로 정원도 내다보았지. 그러다 문득 생각이 난 듯 큰 종이 하나를 가져왔어. 지렁이 기어가는 글씨로 삐뚤삐뚤 무언가를 썼어. 그러고는 턱, 거실 벽에 붙였어.

<진짜 지구인 되기 (안 지키면 외계인!)>

"세바스찬, 너, 솔로몬의 재판을 아느냐? 아기를 두고, 진짜 엄마와 가짜 엄마가 싸운 것 말이야. 솔로몬 왕이 아기를 둘로 나눠 가지라고 하자, 진짜 엄마는 아기를 다치게 할 수 없다며, 그냥 가짜에게 주라고 했지. 문득 이런 생각이 드는구나. 우리가 진짜 지

구에 사는 인간이라면, 지구를 이렇게 다치게 할 수는 없다고 말이야. 지구를 지키려면 내가 그동안 가져온 것을 포기할 줄도 알아야 해."

수염왕은 마치 웅변을 하는 것처럼 두 주먹을 불끈 쥐고, 두 팔을 하늘로 쫙 펼치며 줄줄줄 말을 늘어놓았지. 그러더니 자기가 한 말에 감동해서, 얼른 종이 쪼가리에 그 말을 옮겨 적었어. 잠시 뒤에 머릿속에서 사라지기 전에. 그리고 중얼중얼 외우기 시작했지. 내일 온난화 여사에게 읊어줄 생각이었거든.

세바스찬은 수염왕이 수십 번씩 같은 대사를 외워 대자, 시끄러운 듯 발로 귀를 긁었어. 그리고 발로 텔레비전 리모컨 전원 버튼을 눌렀어. 순간 텔레비전 예능 프로에서 흘러나오는 웃음소리가 거실에 꽉 들어찼지.

수염왕이 버럭 소리를 질렀어.

"시끄러워서 집중이 안 되잖아."

그러면서 텔레비전을 끄려는 순간, 화면이 바뀌며 긴급 속보가 나왔어. 아나운서 얼굴 뒤로 검은 연기가 뭉게뭉게 솟아오르고 있었어. 사람들의 비명, 헬기 소리, 자동차 경적 소리가 뒤섞여 흘러 나왔어.

"……원자력 발전소가 폭발했습니다. 인명 피해가 어느 정도인지 파악조차 되지 않고 있습니다. 방사능 오염으로 현장 상황을 점검하기도 어렵다고 합니다……."

수염왕의 손에서 종이 쪼가리가 스르륵 떨어졌어.

"큰일이군, 큰일이야."

수염왕은 화면을 보면서 '큰일이다!'만 되풀이했어. 그러다 퍼뜩 온난화 여사에게 생각이 닿았지.

"이 뉴스를 보면 또 두 주먹 불끈 쥐고 흥분할 텐데. 당장 달려간다고 짐 싸고 있는 거 아니야?"

그날 새벽까지 텔레비전은 온통 이웃 나라에서 일어난 원자력 발전소 폭발 사건으로 떠들썩했어. 이웃 나라는 꼬불꼬불나라보다 과학이 발전해서 오래전부터 원자력 발전소를 지어 전기를 만들고 있었거든. 원자력 에너지가 값도 싸고, 안전하다며 꼬불꼬불나라에도 권했었는데.

다음 날, 수염왕은 일어나자마자 환경 센터에 가려고 서둘렀어. 외워둔 멋진 대사를 얼른 온난화 여사에게 들려주고 싶었거든. 게다가 어젯밤 일어난 사고 때문에 왠지 모르게 불안한 마음이 들었어.

수염왕이 자전거를 밀며 막 대문 밖으로 나서는데, 툭 하고 편지 한 장이 떨어졌어. 대문 틈 사이에 끼워 두었던 모양이야.

"이게 뭐야? 누가 보낸 거지?"

수염왕이 편지를 꺼내자, 급하게 휘갈겨 쓴 듯한 글자들이 보였어.

> 수염왕 씨, 그동안 고마웠습니다. 저는 오늘 떠납니다.
> 어제 이웃 나라에서 원자력 발전소가 폭발해서 많은 사람이 다쳤다는 뉴스를 보셨겠죠? 그곳에 제 도움이 필요합니다.
> 수염왕 씨가 초록 마을 환경 센터를 잘 지켜줄 거라 믿습니다. 그럼, 온 세상이 초록빛으로 바뀌는 그 날까지 노력하고, 또 노력해 주십시오!

수염왕은 편지를 구겨 쥐었어.

"아니, 어딜 간다고? 그 위험한 데를 왜 간단 말이야. 게다가 달라진 내 모습도 보지 않고서. 난 정말 새사람이 됐는데. 이제야 겨우 진정한 친구를 만들었다고 생각했는데. 기다려, 온난화 여사."

수염왕은 자전거에 올라 힘차게 발을 굴렀어.

일본에서 원자력 발전소가 폭발했다는 뉴스를 보고 무척 놀랐던 기억이 나요. 원자력은 이산화탄소가 덜 나오는 깨끗한 에너지 아닌가요?

2011년 3월, 일본에서 대지진이 일어났고, 후쿠시마 원전이 폭발했단다. 일본은 그동안 원자력이 안전하다고 자신해 왔어. 핵발전소가 지진에 대비해서 안전하게 설계되었고, 발전소가 무너져도 핵연료를 감싸는 장치가 몇 겹으로 잘 되어 있기 때문에 절대 큰 사고가 일어나지 않는다고 했지. 하지만 그런 확신은 깨지고 말았어.

후쿠시마 원전 인근 지역은 출입을 통제하고, 방사능에 오염된 흙을 걷어 내고, 물을 뿌려 방사능 물질을 제거하는 작업을 하고 있어. 하지만 이런 작업으로 완전히 방사능을 제거할 수도 없고, 수십 년이 걸려도 작업이 끝날지 알 수 없어.

1986년, 러시아의 체르노빌 원자력 발전소가 폭발한 뒤 나온 방사능 물질 때문에 수천 명의 사람이 죽었고, 수십만 명이 암, 백혈병, 기형아 출산 등으로 지금까지 고통받고 있단다. 그리고 체르노빌은 생명이 살 수 없는 죽음의 땅이 되었어.

원자력 발전소는 절대 안전하지 않아. 원자력 발전소에서 에너지를 만들고 난 다음에 나오는 핵폐기물에는 플루토늄이라는 위험한 물질이 있어. 플루토늄의 독성이 절반 정도 사라지려면 2만 년이라는 시간이 걸린다고 해. 그토록 오랫동안 사라지지 않는 위험한 물질을 우리의 후손들에게 물려줄 수는 없는 일이야.

게다가 원자력 발전소는 한번 사고가 나면 피해가 아주 커. 방사성 물질이 물과 공기를 통해 주변 나라로 퍼지게 되고, 인간과 동식물의 몸속으로 들어가서 쌓이게 되지. 후쿠시마 원전이 폭발한 지 이제 겨우 2년이 지났어. 그 사고 때문에 오랜 세월 고통을 겪게 될 자연과 사람들을 생각해 보렴.

스웨덴은 2010년에 원자력 발전소를 멈추도록 했고, 오스트리아도 원자력 발전소 건설을 금지했어. 많은 나라가 원자력 발전으로 전기를 얻고 있지만, 점점 위험하다는 생각을 하고 있어.

안전하게 관리하기만 하면 값싼 에너지를 얻을 수 있다는 정부의 말만 믿을 수는 없는 일이야. 친구들도 원자력 에너지에 대해 부모님이나 선생님, 친구들과 이야기를 나눠 보렴.

원자력 에너지가 그렇게 무서운 것일 줄은 몰랐어요.
좀 더 안전하고, 깨끗한 에너지는 없을까요?

　우리는 오랫동안 석유나 석탄 같은 화석연료를 사용해 왔어. 그 결과 지구 기온이 자꾸만 높아졌고, 여러 가지 환경 문제가 생겼지. 게다가 석유나 석탄은 점점 그 양이 줄어들고 있어. 그래서 전 세계는 신재생에너지를 찾기 위해 노력하고 있단다. 신재생에너지란 새로 개발한 에너지나 재생해서 쓸 수 있는 에너지를 말하는 거야.

　신재생에너지는 자연에서 찾을 수 있어. 태양, 바람, 파도 등이 에너지가 될 수 있어. 자연에서 얻은 에너지는 화석연료처럼 이산화탄소가 나오지 않지. 게다가 얼마든지 써도 줄어들지 않아.

　친구들도 건물이나 집의 지붕에 태양 에너지를 모으는 커다란 전지판을 본 적이 있을 거야. 태양열을 모아 물을 데우고, 요리하는 데 쓰는 거야. 인도에서 만들어진 태양열 조리기는 하루에 3만 명의 식사를 만들 수 있을 만큼 성능이 뛰어나다고 해.

　바람도 훌륭한 에너지가 될 수 있어. 바람의 힘을 이용해서 전기를 만드는 거지. 미국에서는 새로운 석탄 화력 발전소 건설을 중지하고, 2007~2010년 사이에 풍력 단지는 수백 곳을 새로 지었어. 우리나라

도 강원도, 제주도같이 산과 해안이 있는 곳에 풍력 단지를 건설해 놓았단다.

가축의 똥이나 쓰레기도 에너지가 될 수 있어. 이런 에너지를 바이오매스라고 불러. 소가 뀌는 방귀에 메탄가스가 있다고 했지? 또 똥이나 음식물 찌꺼기가 발효될 때도 가스가 나오는데, 그런 가스를 이용해서 전기를 만드는 거란다.

물론 아직 이런 신재생 에너지로 전 세계 인구가 쓰는 에너지를 감당하기에는 부족해. 석유나 석탄만큼 값싸게 에너지를 얻을 수 있으려면 더 많은 시간과 기술 개발이 필요하단다. 그전까지 우리가 해야 할 일은 에너지를 아끼는 것이겠지?

 ## 바이오 연료의 불편한 진실

식물로 만드는 에너지를 알고 있니? 밀이나 옥수수, 유채꽃으로 자동차 연료를 만든다면 어떨까? 무척 깨끗한 에너지라는 생각이 들 거야. 식물에서 나온 에너지를 바이오 연료라고 불러.

밀이나 옥수수를 발효시키면 에탄올이 나오는데, 휘발유에 섞어서 자동차 연료로 사용할 수 있어. 사탕수수나 야자유를 이용할 수도 있지.

그런데 바이오 연료가 인기가 높아지면서, 열대우림을 없애고 밀과

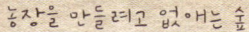
농장을 만들려고 없애는 숲

옥수수 농장을 만드는 기업들이 생겨났어. 숲은 사라지고, 농장에는 더 많은 농약이 뿌려졌어.

밀과 옥수수의 가격도 올라갔지. 전 세계에는 먹을 것이 넘쳐나지만, 이런 곡물들은 그들에게 돌아가지 않고 자동차 연료로 사용되고 있어. 환경을 지키기 위해 개발한 에너지가 도리어 환경을 공격하고, 굶주리는 사람의 먹거리를 빼앗게 되었단다.

수염왕의 환경 노트

원자력 에너지는 이산화탄소가 덜 나오지만, 한꺼번에 많은 생명을 앗아갈 수 있으므로 위험하다. 태양, 물, 바람 같은 자연에서 에너지를 찾아야 한다. 새로운 에너지 개발도 중요하지만 그보다 에너지를 아끼고, 자연을 지키려는 마음을 갖는 것이 더 중요하다.

(사실 녹색 생활을 하려니 이만저만 불편한 게 아니야. 다른 나라에 사는 어떤 남자는 1년 동안 텔레비전도 안 보고, 차도 안 타고, 세탁기도 안 쓰면서 생활해 봤다고 하더군. 하는 동안 너무 힘들었대. 난 그냥 조금씩 아끼면서 할래. 그렇게만 해도 대단한 거지. 암!)